HERDERBÜCHEREI
»TEXTE ZUM NACHDENKEN«

HERAUSGEGEBEN VON
GERTRUDE UND THOMAS SARTORY

BAND 1359

»Texte zum Nachdenken«
In den Büchern der Menschheit ist eine Fülle von Texten zu finden, die das Bewußtsein weiten und verändern, die Seele wandeln. Vorausgesetzt, man liest diese Texte wieder und wieder, läßt sie immer tiefer eindringen in Geist und Herz. Hier trennt nicht die Fremde der Zeit oder die Ferne der Kontinente, denn in tieferen Schichten der Seele sind alle Menschen einander verwandt.

Diese seit Jahren bewährte Reihe der Herderbücherei wurde von Thomas und Getrude Sartory begründet. Eine Reihe von Dichtern und Denkern, Heiligen und Weisen kamen in ihr bereits zu Wort. In jedem Band wird eine andere Gestalt oder Tradition für Leser von heute erschlossen, jeweils unter einer Fragestellung, die uns in unserer Zeit besonders bewegt. Die schöne Gestaltung eines jeden Bandes lädt zum verweilenden Lesen ein, aber auch zum Verschenken.

Seit dem Tod von Thomas Sartory († 1982) führt Gertrude Sartory als Herausgeberin die Reihe weiter.
Dr. iur. can. Gertrude Sartory, 1923 in Hamm geboren, ist freiberuflich als Publizistin tätig.
Ihre Anschrift: 8301 Niederaichbach bei Landshut.

Dieses Buch ist der 56. Band in der Reihe »Texte zum Nachdenken«.

Andrés E. Bejas, O. P., geb. 1959 in Argentinien, Philosophiestudium an der Katholischen Universität »Thomas von Aquin« in Buenos Aires von 1978–1982. Seit 1982 Studium in Deutschland: Philosophie, Katholische Theologie, Romanische Philologie. Theologisches Diplom mit einer Arbeit über Edith Stein. Derzeit Promotion über das Problem der Transzendentalien bei Edith Stein und Thomas von Aquin.

EDITH STEIN

IM VERSCHLOSSENEN GARTEN DER SEELE

Ausgewählt und eingeleitet von
Andrés E. Bejas

HERDERBÜCHEREI

Originalausgabe
erstmals veröffentlicht als Herder-Taschenbuch
Buchumschlag: Willy Kretzer

Alle Rechte vorbehalten – Printed in Germany
© Verlag Herder Freiburg im Breisgau 1987
Gesetzt in der Times-Antiqua (Digiset)
Herder Freiburg · Basel · Wien
Gesamtherstellung:
Offizin Herder in Freiburg im Breisgau 1987
ISBN 3-451-08359-0

Inhalt

TEXTE

EINLEITUNG

ZUR PERSON EDITH STEINS

Menschen kann man überall begegnen, auf der Straße, am Arbeitsplatz, an der Universität oder auch in einem versteckten Winkel einer unbekannten Stadt. Wenn es darum geht, Menschen zu begegnen, die uns lieben und die wir lieben, muß man schon etwas genauer suchen. Die größte Schwierigkeit besteht jedoch darin, uns selber zu begegnen und in uns der Welt, die uns umgibt und durchdringt. Die Gnade der Begegnung ist also vielfältig, und sie wird am deutlichsten durch die menschliche Sprache zum Ausdruck gebracht. Über die Sprache finden wir den Zugang sowohl zu den anderen Menschen als auch zu unserer eigenen Innerlichkeit, zu dem Menschen, der wir selber sind. Dabei bietet das Geheimnis des Wortes unzählige Möglichkeiten, uns auszudrücken und mitzuteilen, und die Sprache enthüllt sich so als ein geistiger Raum, der, von der geheimnisvollen Wirklichkeit des Wortes erfüllt, das innere Leben aufleuchten läßt. Neben dem gesprochenen Wort gibt es aber auch eine Sprache des Herzens, die allein mit einem Lächeln oder einem zärtlichen Blick die Fülle der Seele zum Ausdruck zu bringen vermag. Schließlich kann auch das geschriebene und gedruckte Wort Mittel zur Begegnung sein, einer

Begegnung, die sich im geistigen Raum des Lesens und Nachdenkens abspielt, und die gerade deshalb intensiver und tiefer als jede andere sein kann.

Diese Auswahl von »Texten zum Nachdenken« möchte auch eine Brücke zu uns selbst schlagen, und zwar über die Begegnung mit einer Frau, die auf dem Weg der Wahrheit und des Kreuzes den Zugang zu dem »verschlossenen Garten der Seele« fand: Edith Stein.

Edith Stein war eine Philosophin voller Leidenschaft für klares und genaues Denken, eine Wahrheitsliebende, die voller Mut und Entschlossenheit den Weg des Faßbaren und den Weg des Unfaßbaren gegangen ist, den Weg des endlichen und den Weg des ewigen Seins.

Als jüngstes von elf Kindern einer jüdischen Familie wurde sie am 12. Oktober 1891 in Breslau geboren. Vier der elf Kinder starben bereits im Kindesalter; den Vater, Holzhändler von Beruf, verlor Edith, als sie noch nicht ganz zwei Jahre zählte. Ihre Mutter, Auguste Stein geb. Courant, übernahm die Leitung des familiären Holzgeschäftes, und führte es aus einer schwierigen wirtschaftlichen Lage zu Blüte und Ansehen. Seit dieser Zeit war die Mutter, eine strenggläubige Jüdin, der prägende Geist der ganzen Familie. Trotz dieser starken Persönlichkeit, die weniger mit belehrenden Worten als vielmehr mit überzeugter und überzeugender Haltung ihrer Familie die Werte des Judentums vorlebte, entzog sich Edith Stein dem Gott des Alten Bundes. Der Glaube der Kindheit verlor für sie seine Bedeutung und sie trat in eine Jugend ohne Gott ein, die aber nicht als gottlose Jugend verstanden werden darf. Sie selbst sagt einmal: »Was nicht in meinem Plan lag, das hat in Gottes Plan gelegen.«

Mit der Entfremdung aus dem Judentum fing für Edith Stein die mühevolle Suche nach der Wahrheit an. Diese Suche und diese tiefe Sehnsucht nach der Wahrheit sollten zu den Leitfäden ihres Lebens werden, die sie immer weiter nach vorne trieben zu damals für sie noch ungeahnten Begegnungen und Erfahrungen.

Nach dem Abitur entschloß sie sich in Einverständnis mit ihrer Familie zum Universitätsstudium. Sie blieb zunächst in Breslau, wo sie vier Semester lang Germanistik, Geschichte und Psychologie studierte. In dieser Zeit gerieten ihr die »Logischen Untersuchungen« von Edmund Husserl (1859–1938) in die Hände, der als Begründer der Phänomenologie als ein bahnbrechender Philosoph des 20. Jahrhunderts gilt.

Dieses Werk zog sie in ihren Bann und begeisterte sie insbesondere durch die wissenschaftliche Strenge, mit der die zeitgenössische Psychologie radikal in Frage gestellt wurde. Tief enttäuscht von der »seelenlosen Psychologie« ihrer Zeit, versuchte sie mit jetzt einundzwanzig Jahren, über die Philosophie auf ihrer Suche nach der Wahrheit voranzukommen.

Ihrer Entdeckung folgend zog Edith Stein nach Göttingen um, wo Husserl damals dozierte, und wo sie auch rasch in den engeren Kreis der Hus-

serl-Schüler aufgenommen wurde. Die Sachlich-
keit der Phänomenologie und die Strenge der wissenschaftlichen Methode prägten ihren Geist der-
art, daß die Schule Husserls ihre philosophische
Heimat und die Sprache der Phänomenologie ihre
»Muttersprache« wurden. Die ständige Suche
nach der Wahrheit kam aber durch diese Entdek-
kungen nicht zum Stillstand. Sie folgte Husserl als
Assistentin nach Freiburg und versuchte mit allen
Kräften ihres Geistes und ihres Verstandes, die
Wahrheit der Welt und die Wahrheit der Phäno-
mene zu erforschen und zu enthüllen. Hatte sie
sich bis dahin als Atheistin bezeichnet, so verwan-
delte sich ihre verneinende Haltung nun zu einer
Frage, die sie begleitete, solange sie an der Seite ihres Meisters Husserl arbeitete. Die Antwort auf
diese Frage sollte sie aber erst viel später finden.
1938 als Edith Stein schon im Karmel war, schrieb
sie an eine Benediktinerin: »Wer die Wahrheit
sucht, der sucht Gott, ob es ihm klar ist oder nicht«
(B II. S. 102).

1918 trennte sich Edith Stein aus persönlichen
und wissenschaftlichen Gründen von Husserl, was
aber nicht bedeutet, daß sie auf ihrem Weg zur
Wahrheit auf Grund dieser Trennung resigniert
hätte. Ja, wenn die Wege der Menschen zu Sack-
gassen werden, dann sind es die Wege Gottes, die
uns zur Wahrheit führen. Der Weg in die wissenschaftliche Strenge der Phänomenologie stellte einen wichtigen Schritt in der geistigen Entwicklung
Edith Steins dar; die Gnade Gottes aber hatte für
sie mehr vorgesehen: eine weitere Vertiefung in die

menschliche Wahrheit, was nichts anderes ist als eine Vertiefung in die Wahrheit Gottes. Edith Stein konnte ihre Zukunft nicht voraussahnen und sie wußte auch nicht, wer am Ende ihres Lebens auf sie wartete; sie ging einfach weiter auf ihrer Suche, ausgerüstet mit der Klarheit des Verstandes und der Offenheit des Herzens, bis sie mit der Wirklichkeit des Geheimnisses unmittelbar konfrontiert wurde. Die menschliche Wissenschaft und die Untersuchung der menschlichen Wahrheit konnten ihr dort nicht mehr ausreichen. Das Geheimnis stand ihr gegenüber und öffnete ihr den Zugang zu einer ganz neuen und einzigartigen ›Gedankenwelt‹, zu der Gedankenwelt des Glaubens, wo die Wahrheit gleichzeitig erkannt und geliebt wird, wo sie aufhört, Erkenntnisobjekt zu sein, um Liebesinhalt zu werden.

Diese gedankliche und innere Entwicklung stellte für Edith Stein eine ganz neue Erfahrung dar: Die Erfahrung der Begegnung mit einer Person, die sich in den Netzen der Wissenschaft nicht fangen läßt; einer Person, die die philosophische und sogar die theologische Strenge übersteigt, einer Person, die die Ganzheit der Menschheit in sich aufgenommen hat, um dort erkannt und geliebt zu werden. Es ist die Erfahrung der Begegnung mit der Person Christi. Solch eine Erfahrung kann nicht unfruchtbar und ohne Folgen bleiben. Die Begegnung mit Jesus Christus hat immer einen verwandelnden Charakter. Bei Edith Stein führte diese Begegnung zu einer tiefen, echten Konversion, die weniger mit einer grundsätzlichen Veränderung der Lebensweise, als vielmehr mit der Umkehrung des Herzens zu tun hatte. Das Herz, der tiefste Ort der Seele, war der verborgene Garten, wo die Blumen der göttlichen Weisheit blühen sollten. In ihrem tiefsten Innern erkannte sie und nahm sie den menschgewordenen, gestorbenen und auferstandenen Gott an.

Die Wahrheit wurde für sie, über die Grenzen der Natur und des Verstandes hinweg, zur zeit- und fleischgewordenen Transzendenz.

Verschiedene Elemente trugen zur Konversion Edith Steins bei. Einerseits die inneren Entwicklungen ihrer Seele, die uns als Geheimnis ihres Innern immer verborgen bleiben werden, andererseits äußere Einflüsse, die man hier nur kurz andeuten kann.

Während der Jahre ihres Philosophiestudiums beeinflußte sie der Philosoph Max Scheler weit über das nur Wissenschaftliche hinaus. Wie viele andere Husserl-Schüler hatte Scheler in seiner Genialität einen Weg zur Wahrheit des Christentums gefunden, die wie Wasser, das aus einem Brunnen überfließt, sich entsprechend mitteilte. Für Edith Stein war dies der erste unmittelbare Kontakt mit der für sie bis dahin noch völlig unbekannten Welt des Christentums. Dieser neue Weg führte sie zwar noch nicht zum Glauben, er erschloß ihr aber einen Bereich von Tatsachen, von Phänomenen, an denen sie nicht mehr blind vorbeigehen konnte. Die Schranken der rationalistischen Vorurteile, mit denen sie, ohne es zu wissen, aufgewachsen war, fielen zusammen, und die Welt des Glaubens stand plötzlich in aller Größe vor ihr. Diese neue Welt verlangte von ihr eine Antwort, nach der Edith Stein in ihrem Innern mit allen Kräften ihres Verstandes und ihres Herzens zu suchen begann.

Der entscheidende Moment ergab sich aber in der dunklen Stille der Nacht von Bergzabern, wo Edith Stein einer faszinierenden Persönlichkeit begegnete, die einige Jahrhunderte vorher eine der wichtigsten Erneuerungsbewegungen des Ordenslebens in Spanien durchgeführt hatte: Die heilige Teresa von Ávila. Edith Stein hielt sich bei ihrer Freundin, der Philosophin Hedwig Conrad-Martius auf, und als sie einmal alleine zu Hause blieb, suchte sie aus der Bibliothek etwas zur Bettlektüre aus. Sie stieß auf das Buch: »Das Leben der hl. Teresia von Ávila, von ihr selbst geschrieben«. »Ich begann zu lesen, und war sofort gefangen, und ich hörte nicht mehr auf bis zum Ende; als ich das Buch schloß, sagte ich mir: ›Das ist die Wahrheit‹«.

Die lang gesuchte Wahrheit hatte damit ihr »Kunstwerk der Verführung« vollendet. Die wirkliche, lebendige Wahrheit fing jetzt an, ihr ihre vielen Gesichter zu zeigen und Edith Stein wurde auch selbst allmählich zu einem Gesicht dieser Wahrheit. Sofort nach diesem Ereignis kaufte sie sich einen Katechismus, und nachdem sie ihn gründlich studiert hatte, ging sie in eine Kirche, nahm an der hl. Messe teil und bat gleich danach den Priester um die Taufe. Einige Monate später, am 1. Januar 1922 – am Fest der Beschneidung

Christi – wurde sie in der katholischen Kirche zu Bergzabern getauft.

Es folgten zehn Jahre pädagogische Lehrtätigkeit an der Schule der Dominikanerinnen von St. Magdalena zu Speyer. Dort sollte Edith Stein auch eine tiefe philosophische Wende erleben. Hatte bis dahin die Phänomenologie fast alle ihre philosophischen und ihre wissenschaftlichen Ansprüche erfüllt, so erschloß sich ihr nun die reiche und großartige Gedankenwelt des hl. Thomas von Aquin. Die Entdeckung und Untersuchung des Werkes des hl. Thomas waren ihr eine Hilfe bei ihrem inneren Anliegen, die gedanklichen Grundlagen des katholischen Glaubens besser kennenzulernen und zu begründen. Langsam wurde sie heimisch in der katholischen Welt und der hl. Thomas war in diesem Vorgang ihr Meister und Führer. »Der hl. Thomas fand eine ehrfürchtige Schülerin – aber ihr Verstand war keine ‚tabula rasa' [kein unbeschriebenes Blatt, d. Hg.], er hatte schon eine feste Prägung, die sich nicht verleugnen konnte« (EES. VIII). Dies war die Prägung der Phänomenologie, die im Verstand und Herzen Edith Steins mit der Weltanschauung des hl. Thomas zusammentraf und nach einer gründlichen Auseinandersetzung verlangte. Die Früchte dieser Gegenüberstellung konnte sie erst als unbeschuhte Karmelitin in Köln ernten, woraus dann ihr philosophisches Hauptwerk entstand: »Endliches und ewiges Sein. Versuch eines Aufstiegs zum Sinn des Seins« (EES.).

Nach den Jahren in Speyer nahm sie im April

14

1932 einen Ruf an das Deutsche Institut für wissenschaftliche Pädagogik in Münster an, kurze Zeit später aber sollte die damalige politische Entwicklung ihr – ihrer jüdischen Abstammung wegen – alle Türen zu einer wissenschaftlichen Lehrtätigkeit verschließen; gleichzeitig jedoch öffneten sich für sie die Tore des Karmels, wo sie einen lange und sorgfältig gehüteten Traum verwirklichen konnte, nämlich: in die Familie der hl. Teresa einzutreten. Ihre ursprüngliche Entscheidung, sich ganz Gott und dem Gebet zu widmen, fand im Kölner Karmel ihre endgültige Verwirklichung. Einige Jahre später wird sie in einem Brief sagen: »Jetzt bin ich an dem Ort, wo ich hingehöre« – und dies aus der absoluten Überzeugung heraus, daß nur Gott eines Menschen Hingabe ganz empfangen kann. Im Karmel fand sie den Ort ihrer Ruhe und tiefste Geborgenheit. Ihre philosophischen Bestrebungen traten langsam in den Hintergrund, und ließen in ihrer Seele viel Freiraum für das Gebet und das mystische Leben. Fest im Boden der Realität verwurzelt, wuchs sie allmählich in die Erfahrung der Liebesvereinigung hinein: »Meine Betrachtungen sind keine hohen Geistesflüge, sondern meist sehr bescheiden und einfach. Das Beste daran ist die Dankbarkeit dafür, daß mir dieser Platz als irdische Heimat und Stufe zur ewigen Heimat geschenkt ist« (B. II S. 18).

Im Karmel fühlte sie sich also zu Hause und sie fing bald an, neue geistige Wege einzuschlagen. Nachdem sie die neue Fassung ihres philosophischen Werkes, (»Endliches und ewiges Sein.«)

vollendet hatte, beschäftigte sie sich intensiv mit den Schriften ihrer Ordensgründer: Teresa von Ávila (1515–1582) und Johannes vom Kreuz (1542–1591). Von da an sollte die spanische Mystik sie bis zum Ende ihres Lebens zutiefst prägen.

Fünf Jahre verbrachte Edith Stein als Sr. Teresia Benedicta vom Kreuz im Kölner Karmel. Sie arbeitete dort nicht nur wissenschaftlich, sondern war auch mit den anfallenden Hausarbeiten beschäftigt, die sie in ihrer Breslauer Jugendzeit innerlich so abgelehnt hatte.

Die meisten Texte dieser Auswahl entstanden in diesen Kölner Jahren sowie in den sich anschließenden im holländischen Karmel zu Echt.

Die Oberen Edith Steins in Köln waren sehr um ihre Sicherheit besorgt, als die Angriffe der Nationalsozialisten gegen die Juden immer heftiger wurden. Sr. Teresia Benedicta (Edith Stein) litt sehr darunter, besonders als sie sah, wie man systematisch gegen die Juden vorging, und wie ihre eigene Familie, Freunde und Bekannte in die Unsicherheit fremder Länder und Kulturen auswandern mußten oder einfach so ›verschwanden‹. Auch für sie kam die Zeit, in der sie nicht mehr sicher leben konnte; nicht etwa, weil sie nicht bereit gewesen wäre, das Schicksal ihres Volkes zu teilen, sogar für ihr Volk das Leben hinzugeben, sondern weil das ganze Kloster in Mitleidenschaft gezogen worden wäre, wenn sie und ihre Schwester Rosa, die ebenfalls konvertiert war und im Karmel Zuflucht gefunden hatte, dort geblieben wären. Traurig, aber überzeugt von der Angemessenheit der Entscheidung, nahm sie im Einverständnis mit ihren Oberen das Angebot an, im holländischen Karmel zu Echt zu leben. 1938, drei Wochen vor ihrer Abreise, schrieb sie in einem Brief: »Ich muß Ihnen sagen, daß ich meinen Ordensnamen (Teresia Benedicta ›vom Kreuz‹) schon als Postulantin mit ins Haus brachte. Unter dem Kreuz verstand ich das Schicksal des Volkes Gottes, das sich damals schon anzukündigen begann. Ich dachte, die es verstünden, daß es das Kreuz Christi sei, die müßten es im Namen aller auf sich nehmen. Gewiß weiß ich heute mehr davon, was es heißt, dem Herrn im Zeichen des Kreuzes vermählt zu sein. Begreifen freilich wird man es niemals, weil es ein Geheimnis ist« (Briefe II. S. 124).

Das Geheimnis des Kreuzes umfaßte allmählich ihr ganzes Leben und verlangte von ihr die letzte, die höchste Hingabe.

Ungefähr dreieinhalb Jahre nachdem sie nach Holland übergewechselt war, beauftragten sie ihre Oberen mit einer Darlegung der mystischen Gedankenwelt des hl. Johannes vom Kreuz anläßlich des 400. Jahrestages seiner Geburt. Daraus entstand ihr letztes Werk, die »Kreuzeswissenschaft«. Bis in die letzten Wochen und Tage ihres irdischen Lebens schrieb sie an diesem Werk, das »unvollendet« blieb. Doch das, was eine Kreuzeswissenschaft erst wahrhaft als Kreuzeswissenschaft auszeichnet – das eigene Leben im Zeichen des Kreuzes Jesu Christi hinzugeben – das kann nur von Gott in dem ‚Buch‘ aufgeschrieben werden, das Er ‚schreibt‘. Deshalb ist ihr Werk, die »Kreuzeswissenschaft«, nur die ihr von Gott gegebene Vorbereitung und Einübung in die Kreuzeswissenschaft, die Er selber in ihr vollbringen wollte: der letzte Aufstieg zum Berge Karmel, die letzte und tiefste Erfahrung des Glaubens in der mystischen Vereinigung des Martyriums. Dies war der Gipfel ihrer philosophischen und theologischen Bemühungen und gleichzeitig der Höhepunkt ihres Lebens; der Punkt in dem die Philosophie, die Theologie und die Mystik die Einheit in ihrer Person erreichten, der Punkt, in der Natur und Gnade ihr kostbares Werk vollendeten.

Am 2. August 1942 klopfte die SS an der Tür der Karmelitinnen in Echt. Edith Stein und ihrer Schwester Rosa wurde befohlen, in fünf Minuten mit dem Beamten das Haus zu verlassen. Der Weg nach Golgotha hatte sich zwar schon früher angekündigt, jetzt aber fing er an, sich zu verwirklichen. Die nächste Station war das Sammellager in Westerbork, wo Edith Stein für die Mitleidenden immer ein Wort des Trostes und der Hoffnung hatte. Sie schreibt noch aus der Baracke 36: »Es sind hier so viele Menschen, die etwas Trost brauchen, und sie erwarten ihn von den Schwestern« (B. II. 177).

Am 7. August wurden die Lagerinsassen früh am Morgen aufgeweckt, um sich zum Abtransport fertigzumachen.

Die Fahrt ging nach Polen. Ab diesem Moment verlieren sich die sicheren Spuren ihres individuellen Schicksals. Der Zug fährt nach Auschwitz. Am 9. August soll er an der Endstation angekommen sein. Die Insassen, starr und müde von der langen

Fahrt, steigen aus. Noch am Bahnsteig werden sie selektiert. Männer und Frauen, die noch jung und kräftig sind, müssen zum Arbeitslager; der Rest, die Alten, die Schwachen, die Zerbrechlichen, die Unbrauchbaren – unter ihnen auch Edith Stein – wurden alle vergast.

ZU DEN TEXTEN

Das Werk Edith Steins läßt sich weder als eine Linie umschreiben, die vom Anfang bis zum Ende durchgezogen werden kann, noch als ein Kreis, der von überall her die Möglichkeit bietet, ins Innere zu gelangen. Das Werk Edith Steins ist vielmehr sternförmig. Es hat verschiedene Spitzen, durch die man das Zentrum erreichen kann. Betrachtet man allein die Spitzen, so kann der Eindruck entstehen, daß sie nichts miteinander zu tun haben; gelangt man aber zum Zentrum, dann bekommt das Ganze eine innere »logische« Struktur, die ins Innere hineinzieht und nach außen die Kraft der Tiefe ausstrahlt.

In der vorliegenden Auswahl von Texten Edith Steins möchte ich bei der Seele anfangen, dort, wo der gesammelte Mensch, wie in einem verschlossenen Garten, alle Farben und Düfte seines Lebens zusammenfassen kann. Die Einkehr ins Innere ist jedoch keine einfache Angelegenheit. Sie verlangt die Umgestaltung verschiedener Denkstrukturen und führt uns zu menschlich-göttlichen Bereichen, für die sich die Kraft und das Licht des Verstandes als unzureichend erweisen. Um voranzukommen, muß man den dunklen Weg des Glaubens annehmen und ihn entlanggehen. Dieser Weg ist nicht gerade leicht. Er bereitet uns viele Schmerzen und Leiden, die durch eine besondere Wissenschaft erforscht werden, zugleich aber am eigenen Leib getragen werden müssen. So entsteht die »Kreuzeswissenschaft«.

Es wäre ein Irrtum zu meinen, der Höhepunkt der stein'schen Botschaft sei die Apotheose des Leidens durch das Kreuz. Die Wissenschaft des Kreuzes weist direkt und gezielt auf die Botschaft der Liebe hin, auf die Verwirklichung der Liebesvereinigung zwischen Menschen und zwischen der Seele und Gott. Die Vereinigung ihrerseits ist kein zufälliges oder willkürliches Zusammenkommen zweier verschiedener Geisteswesen. Die Vereinigung findet im Innersten der Seele statt, dort wo die Seele sich bei sich selbst befindet, und wo sie über sich verfügen kann. In ihrem Innersten kann sich die Seele für die Liebesvereinigung ›entscheiden‹, weil ihr Innerstes gleichzeitig den Ort ihrer Freiheit darstellt.

All dies geschieht nicht im Chaos des Ungewissen; all dies geschieht im Lichte des ewigen Seins, welches Fundament und letzter Grund und Sinn des endlichen Seins darstellt. Schließlich werden einige Blitzgedanken vorgestellt. Sie versuchen, einige Lebensweisheiten zu vermitteln, die dazu dienen könnten, das eigene Leben besser zu durchschauen.

Es ist die Aufgabe eines jeden Menschen, zu sich selbst zu kommen, das innerste Wesen seines Ichs zu entdecken. Wie man dorthin gelangen kann, und mit welchen Erfahrungen diese Ent-deckung zusammenhängt, ist und bleibt aber ein Geheimnis. Man kann zwar allerlei Strategien und Methoden anwenden, der Zugang ins Innere jedoch bleibt immer der persönlichen Eigenart unterworfen. Für die einen sind die Meditation und das Gebet die Bedingungen der Möglichkeit, bei sich selbst einzukehren; für andere aber sind die zwischenmenschlichen Beziehungen oder gar die wissenschaftliche Erforschung der Psyche die wesentlichen Faktoren, die die Vertiefung in die innere Welt des Menschen ermöglichen.

Außer Zweifel steht jedoch, daß das Innerste der Seele etwas Geistiges ist. Etwas, das die Grenzen der Materie übersteigt und ›von innen her‹ das ganze Leben trägt und gestaltet. Aus diesem Inneren heraus erstrahlt die Seele in ihrer je eigenen Prägung, und wird dazu befähigt, sich anderen Menschen hinzugeben und die Hingabe anderer Menschen zu empfangen. In der Seele liegt so das Fundament allen menschlichen Lebens, das mehr ist als eine beziehungslose Gegebenheit des endlichen Seins. Sie ist nicht einfach in die Welt ›geworfen‹ als ein vergängliches Wesen, das sich zu einer ›Sinn-losen‹ Vollkommenheit durchkämpfen müßte. Die Seele wird in ihrem Sein und Werden von Gott getragen und birgt in sich den Stempel des göttlichen Seins. Daher ist das »Zu-sich-selbst-kommen« und »Gott-finden« eine einzige Realität, wobei die Tatsache, daß man Gott finden kann, notwendige Voraussetzung für die Selbsterkenntnis der Seele ist: »Wer Gott nicht findet, der gelangt auch nicht zu sich selbst (mag er auch noch so sehr mit sich selbst beschäftigt sein) und zu dem Quell des ewigen Lebens, der in seinem eigenen Innersten auf ihn wartet« (EES. 465).

Das Innerste der Seele wird so zur »Wohnung Gottes«, wo Gott von der Seele erkannt und geliebt werden kann, und wo die Seele ihre Bestimmung zum ewigen Sein spürt. Dieser Ort, wo nur Gott verweilen kann, und wo die Seele sich ganz mit sich selbst identisch fühlt, ist gleichzeitig ihr Ruhepunkt. Dort wird die Auseinandersetzung der Seele mit der Welt schon vorausgesetzt, und sie beschäftigt sich nur noch mit Gott und mit sich selbst. Je tiefer die Seele in sich hineingeht desto höher steigt sie zu Gott auf und umgekehrt, »je höher sie zu Gott aufsteigt, um so tiefer steigt sie in sich selbst hinab« (Kw. 137). So stützen sich Selbsterkenntnis und Gotteserkenntnis gegenseitig. Die eine setzt die andere voraus, und beide zusammen sind der Eingang zu dem verborgenen Bereich des Menschlichen, der das Innerste der Seele darstellt.

Die Grundprinzipien der Selbsterkenntnis sind damit gegeben; es bleibt aber immer noch die Frage offen, wie man diese erreichen kann. Die erste Antwort Edith Steins ist eindeutig. Nicht der Verstand alleine kann den Zugang zum Innersten der Seele öffnen, sondern das »dunkle Licht« des Glaubens. Zu dem ›verschlossenen Garten der Seele‹ gelangen wir am besten und am tiefsten über den Weg des Glaubens.

Der dunkle Weg des Glaubens

Wenn man vor einer Frage steht, versucht man bewußt oder unbewußt, eine Antwort auf diese Frage zu finden. Oft genug erfahren aber die Menschen, daß der Verstand nicht in der Lage ist, angemessene Antworten zu geben, und das ist so, weil es Fragen gibt, die zwar verstandesmäßig erforscht, aber nur im Lichte des Glaubens beantwortet werden können.

Zwei Erkenntniswege stehen den Menschen zur Verfügung, um die Realitäten, die ihm entgegentreten, zu verstehen. Der eine ist der Weg des schlußfolgernden Denkens, der die Realität in Begriffe verwandelt, und auf diese Weise versucht, sie faßbar zu machen. Geht es aber darum, das Unfaßbare, das Geheimnisvolle zu erfassen, so erweist sich der Verstand als völlig unzureichend. Dem Geheimnis gegenüber stößt der Verstand an seine äußersten Grenzen. Und Gott ist Geheimnis. Zu ihm gelangen wir nur teilweise über den Verstand. Der eigentliche Weg zu Gott ist nämlich der zweite Erkenntnisweg, der Weg des Glaubens. Man muß aber hinzufügen der ›dunkle‹ Weg des Glaubens, weil der Glaube ein ›dunkles Licht‹ ist. »Er gibt uns etwas zu verstehen, aber nur, um uns auf etwas hinzuweisen, was für uns unfaßlich

bleibt. Weil der letzte Grund alles Seienden ein unergründlicher ist, darum rückt alles, was von ihm
her gesehen wird, in das ›dunkle Licht‹ des Glaubens und des Geheimnisses, und alles Begreifliche
bekommt einen unbegreiflichen Hintergrund«
(EES. 25–26). Der Mensch ist so durch den Glauben ständig mit dem Geheimnis Gottes konfrontiert und tritt mit jedem Glaubensakt in die
›Dunkle Nacht der Sinne‹ und ›des Geistes‹ ein.

Dieser Glaube, von dem hier die Rede ist, ist
keine bloße Annahme von wahren Sätzen, sondern
vielmehr eine existentielle Haltung, ein inneres
›Berührtwerden‹ und ein Erfahren Gottes. Der
Mensch wird durch den Glauben geformt und
dazu befähigt, das Geheimnis als Geheimnis anzunehmen. Da aber der Glaube sowohl auf den
menschlichen Erfahrungen wie auch auf der göttlichen Offenbarung beruht, kann man ihn nicht als
eine rein theoretische Instanz, sondern nur als ein
wechselseitiges ›Sich-hin-geben‹ und ›Annehmen‹
verstehen. Gott offenbart sich und der Mensch
spürt in seinem Leben die Wirkungen dieser Offenbarung. Gott schenkt uns das Wort und wir
Menschen glauben an das Wort, das Fleisch geworden, gekreuzigt und auferstanden ist. Besonders schwer fällt uns jedoch, an Christus den
Gekreuzigten zu glauben, vor allem, wenn wir mit
ihm ans Kreuz genagelt werden. Um diese ›Glau-
bensprobe‹ zu überstehen, bedürfen wir einer einzigartigen, geheimnisvollen Wissenschaft: Der
Wissenschaft des Kreuzes.

Die Erfahrung des Kreuzes ist eine Schlüsselerfahrung aller Menschen, die bewußt oder unbewußt dem Kreuz begegnet sind. Diese Erfahrung prägt ihr Leben und bedingt ihre Haltungen, Gedanken und Gefühle. Das Kreuz steht am Anfang und am Ende ihres Lebens und ist wie eine belebende Kraft, die aus dem Inneren der Seele alle Winkel der eigenen Persönlichkeit durchdringt. Deshalb würde man kaum vom Kreuz oder von ›Kreuzeswissenschaft‹ reden oder schreiben können, wenn man dieses Kreuz nicht ganz deutlich zu spüren bekommt.

Eine Theorie oder Wissenschaft des Kreuzes ist weder eine Systematik von abstrakten Prinzipien noch die Zusammensetzung von wahren Sätzen, die ein in gesetzmäßigen Denkschritten aufgeführtes Gebäude bilden; sie besteht vielmehr in dem tiefen Zusammenhang von Denken und Leben, wie es Edith Stein exemplarisch am Leben und Werk des Johannes vom Kreuz erkennen durfte. Sie ist eine Theorie eigener Art, die zwar mit wahren Sätzen und mit der Wahrheit zu tun hat, aber nicht mit einer Wahrheit, die durch schlußfolgerndes Denken erworben wird, sondern eher mit einer »wohlerkannten, aber lebendigen, wirklichen und wirksamen Wahrheit: einem Samenkorn gleich wird sie in die Seele gesenkt, schlägt darin Wurzeln und wächst, gibt der Seele ein bestimmtes Gepräge und bestimmt sie in ihrem Tun und Lassen.« Die Wahrheit des Kreuzes bleibt immer im Innersten der Seele verankert, und von dort aus erleuchtet sie das ganze Leben.

Die Rede vom Kreuz und die vielen Kreuze, die die Welt von heute auf die Menschen legt, verführen dazu, das Kreuz selbst, sowie seine ›Wissenschaft‹, als ein Symbol der Enttäuschung, des Scheiterns und der Hoffnungslosigkeit zu interpretieren. Das ist aber eine eindeutig falsche Interpretation. Das Kreuz ist nicht Selbstzweck, weder als Theorie noch als am eigenen Leibe erlebte Wirklichkeit; es geht vielmehr über alle Schmerzen hinaus und findet seinen tiefsten Sinn in der Freude der Auferstehung. Kreuz und Auferstehung gehören ja untrennbar zusammen, auch wenn sich zwischen beiden der lange Weg des Leidens ausstreckt. Der Weg des Kreuzes ist und bleibt ein Weg des Geheimnisses, ein Weg der Gottverlassenheit und des »mitternächtlichen Dunkels«, der das unbeschreibliche Licht der Ewigkeit vorbereitet. In diesem Sinne und nach der Lehre des hl. Johannes vom Kreuz wird die »Kreuzeswissenschaft« zu einer »Kreuzesschule«, wo die Menschen die Möglichkeit haben, die Botschaft des fruchtbaren Schmerzes, d. h. die Botschaft der Liebe zu lernen.

Das maßgebende Vorbild dieses Weges und dieser Schule ist zweifelsohne Jesus Christus, der menschgewordene Gott, der in Gethsemani und auf Golgotha die Gottverlassenheit am eigenen Leibe spürte bis zum erschütternden Schrei am Holze des Kreuzes: »Mein Gott, mein Gott, warum hast du mich verlassen!« (Psalm 21) Christus war der Einzige, der in die absolute Gottverlassenheit eingehen konnte, weil er Gott und Mensch zugleich war und als Gott-Mensch die menschliche Natur (die Bedingung der Möglichkeit des Leidens) zum göttlichen Werkzeug der Erlösung erhob. Allem Schmerz und allem Leid wohnen deshalb erlösende Kraft und übernatürlicher Sinne inne. Auf diese Weise erhält die Frage nach dem Leiden die geheimnisvolle Antwort der Liebe, denn je größer die Liebe ist, desto größer wird die Bereitschaft, das Leiden um des Geliebten willen anzunehmen.

Dementsprechend sind die Schule des Kreuzes und die Kreuzeswissenschaft eine Schule und eine Wissenschaft der Liebe, die in die Geheimnisse Gottes eindringen will und von dort aus das ganze Leben gestaltet. Die tiefe und untrennbare Verbindung von Liebe und Leiden ist das Merkmal aller großen Gestalten der Weltgeschichte und auch unserer Gegenwart. Die Liebe befruchtet das Leiden und das angenommene Leiden bereichert und vertieft die Liebe. Leiden ohne Liebe ist Wahnsinn, Widerspruch und Sinnlosigkeit, genauso wie das Kreuz ohne die Auferstehung; ohne das Leiden ist die Liebe ihrerseits der unglaubwürdige und unrealisierbare Traum der Auferstehung ohne den Tod.

Genau dies ist die Spannung der Kreuzeswissenschaft. Eine Spannung, die das ganze Leben durchdringt und prägt. Es geht bei ihr nicht darum, das Leiden um jeden Preis zu beseitigen (das ist in unserem menschlichen Zustand unmöglich), sondern vielmehr darum, das Leiden um der Liebe willen anzunehmen; lieben zu lernen, um so das Leiden fruchtbar zu machen. Das Kreuz und die Kreuzeswissenschaft lähmen schließlich nach der Meinung Edith Steins das Leben nicht, sie sind keine unüberwindbaren Hindernisse der menschlichen Natur. Kreuz und Kreuzeswissenschaft sind die Vorstufen des ewigen Lebens, sie sind eine Einladung »zu hoffen gegen alle Hoffnungen«. Kreuz und Kreuzeswissenschaft sind primär und vor allem eine Botschaft der Liebe.

Das Wesen der Liebe

Wenn man aus der dunklen Nacht des Geistes und der Erfahrung des Kreuzes kommt, gewinnt die Liebe einen ganz neuen Sinn und eine unermeßliche Fülle. Die Liebe wird dann absolute ›Hingabe des eigenen Seins und Einswerden mit dem Geliebten‹.

Die Liebe ist ja nach ihrem Wesen Hingabe und ihre Verwirklichung die immerwährende Vereinigung mit dem Geliebten. Lieben und geliebt-werden sind in der Liebesvereinigung nichts anderes als eine einzige Realität, die den Liebenden umfaßt und ihn zu ungeahnten Erlebnissen und Gefühlen führt. Hier handelt es sich um die innere und äußere Vereinigung von zwei Wesen, die in intimster Kommunikation in eine einzige Wirklichkeit »zusammenfließen«.

Damit wird die Identität der Liebenden nicht aufgehoben, aber die Unterscheidung von »Ich«

und »Du« verliert in dem Maße an Intensität, wie dieses Ich und Du in der Wesensgemeinschaft der Liebe ihre Einheit erreichen. Die Liebe ist daher eine schöpferische und belebende Kraft, die auf der Individualität der Liebenden beruht, und diese zugleich in einer neuen Liebesidentität ihre Verwirklichung und Vollkommenheit spüren und erfahren läßt. Der Liebende und der Geliebte, für den der Liebende seinerseits der Geliebte ist, entleeren sich, gehen aus sich heraus und lassen sich von der Liebe des anderen erfüllen, und in diesem gegenseitigen Sich-erfüllen erreichen beide die Vollkommenheit des eigenen Seins.

Wenn man so von der Liebesvereinigung spricht, muß man zwischen menschlicher und göttlicher Liebe unterscheiden; obwohl beide als Hingabe analogisch betrachtet werden können, besteht zwischen ihnen eine Ungleichheit, die sich aus dem Abbildverhältnis beider Liebesarten ergibt.

Die menschliche Liebe ist den Grenzen von Raum und Zeit unterworfen und verwirklicht sich als ein Prozeß, der alle immanenten Schranken allmählich überschreitet, um seine letzte Vollkommenheit in der Transzendenz des eigenen Ichs zu erreichen. In diesem Sinne wird die menschliche Liebe als eine dynamische und wechselseitige Hingabe erlebt, die, von der Sehnsucht gezogen, in ständiger Vertiefung in das Innerste der Liebenden führt.

Bei der menschlichen Liebe kann man noch zwischen leiblicher und geistiger Vereinigung unterscheiden. Die leibliche Vereinigung ist der zeitlich und räumlich bedingte Ausdruck der menschlichen Liebe. Sie hat einen Zeichencharakter bezüglich der geistigen Liebe, die den Grund und das Fundament der menschlichen Liebe darstellt. Die leibliche Liebe ist schon in sich selbst eine Sinn-Einheit, aber nur insofern sie eine Äußerung der in der Seele vorhandenen liebenden Einheit ist.

Die geistige Liebe ihrerseits ist bezüglich ihrer Ausdrucksmöglichkeiten durch den Körper bedingt, in ihrem Wesen aber ist sie nicht von den leiblichen Äußerungen und damit von Raum und Zeit abhängig. Die geistige Liebe ist innere, unendliche Berührung, die sich im tiefsten Grund der Seele abspielt, und die den Liebenden und den Geliebten zur vollkommenen Einheit führt. Menschen, die innerlich verbunden sind und die sich geistig lieben, können zwar diese Liebe in der leiblichen Vereinigung zum Ausdruck bringen, sie befinden sich aber in einem Bereich, wo die inneren-geistigen Wesensgemeinsamkeiten den Vorrang haben.

Damit ist jedoch die letzte Stufe der Vereinigung der Liebe noch nicht ausgesprochen. »Die einzige absolut vollkommene Verwirklichung der Liebe ist das göttliche Leben selbst, die Wechselhingabe der göttlichen Personen. Hier findet jede Person in der anderen sich selbst wieder, und da ihr Leben wie ihr Wesen eines ist, so ist die wechselseitige Liebe zugleich Selbstliebe, Jasagen zum eigenen Wesen und zur eigenen Person« (EES. S. 419–420).

In Gott findet man das Vorbild aller Liebe. In ihm ereignet sich die höchste Verwirklichung der Vereinigung der Liebe, und wenn die Seele sich ganz öffnet und diese überströmende Liebe in ihrem Innersten empfängt, wird sie von ihr erfüllt und strahlt die göttliche Liebe in die anderen Seelen aus. Menschliche Liebe und göttliche Liebe sind in diesem Moment ein und dasselbe.

Der Ort der Freiheit

»Die Liebe ist das Freieste, was es gibt« (EES. 409). Diese zunächst recht leicht verständlich klingende Überzeugung Edith Steins erweist sich als durchaus nicht selbstverständlich, vor allem dann nicht, wenn darunter zu verstehen ist, daß die Freiheit in der Selbsthingabe der Liebenden ihre letzte Vollendung erreicht.

Im Innersten der Seele vereinen sich alle Kräfte des Menschen, unter anderen auch die Fähigkeit, sich selbst für etwas zu entscheiden. Sehr häufig wird die Freiheit lediglich als die grenzenlose Zahl von Wahlmöglichkeiten verstanden, womit sie recht oberflächlich darauf eingeschränkt wird, daß man sich als nicht festgelegt empfindet. Wenn die Freiheit aber als der positive Akt des Willens verstanden wird, der sich für etwas ›Bestimmtes‹ entscheidet, dann gewinnt sie einen völlig neuen Sinn und eine viel tiefere Bedeutung. Der Mensch als solcher wird folglich nicht nur einfachhin vor Wahlmöglichkeiten gestellt, sondern hauptsächlich vor Entscheidungen, die er bejahend oder verneinend (die Ablehnung einer Möglichkeit ist auch eine Entscheidung) treffen muß.

Unter diesem Gesichtspunkt ist die Freiheit eine Kraft der Seele, die sich nicht in einem Unbestimmtbleiben verwirklicht, sondern, im Gegenteil, in der persönlichen Bestimmung der eigenen Handlungen und Verhaltensweisen. Die Freiheit ist nicht das Unbestimmtbleiben gegenüber der inneren und äußeren Welt, sondern die angeborene Fähigkeit der Seele, sich selbst zu bestimmen und über sich selbst zu verfügen.

Die Seele muß ›zu sich selbst kommen‹ und aus ihrem Inneren heraus leben. Diese Vertiefung in sich selbst und die Gestaltung des eigenen Inneren bedürfen jedoch der Ausübung des Entscheidungsrechtes, das der Seele zusteht. Sie muß sich mittels ihrer Entscheidungen ›selbst gestalten‹.

Die Vollendung des eigenen Seins kann zwar ›von außen‹ mitgeprägt und beeinflußt werden (wobei diese Prägungen und Einflüsse ganz unterschiedliche Formen annehmen können); die Selbstgestaltung des Leibes und vor allem der Seele bedarf jedoch unausweichlich der inneren persönlichen Entscheidung. Deshalb sagt Edith Stein, daß das Zentrum, das Innerste der Seele gleichzeitig ›der Ort der Freiheit‹ ist, weil dies der Ort ist, »an dem sie ihr ganzes Sein zusammenfassen und darüber entscheiden kann« (Kw. 142).

Selbst Gott macht davor auf geheimnisvolle Weise halt. Er berührt uns, beschneidet uns aber nicht unsere Freiheit, weil er unsere Hingabe nur als freie Antwort auf seine unermeßliche Liebe empfangen will; Er umarmt uns jedoch mit »bezwingender Liebe«, der wir uns kaum entziehen können. »Die Liebe ist das Freieste, was es gibt.« Vielleicht ein Widerspruch? ... oder doch die höchste Vollendung!?

Im Lichte des ewigen Seins

Die letzte und tiefste Frage des Menschen ist die Frage nach dem Sein. Es mag sein, daß diese philosophisch geprägte Behauptung nicht von jedem sofort verstanden und angenommen werden kann; für Edith Stein jedoch ist es eine Tatsache – genauso wie die Tatsache, daß wir »sind« – daß unser flüchtiges, vergängliches Sein von einem anderen getragen werden muß, das »ewig« und »wandellos-gegenwärtig« ist. Zwischen beiden besteht eine intime analogische Beziehung, in der das ›ewige‹ Sein sich als Grund und Fundament des ›endlichen‹ Seins erweist. Das Endliche und das Ewige sind dementsprechend nur in der Konstellation des Seins zusammen zu verstehen.

Diese Beziehung zwischen endlichem und ewigem Sein ist nichts anderes als das, was in der Theologie »Schöpfung« genannt wird. Die Schöpfung ist das Überströmen des göttlichen Seins, das sich als Verwirklichung eines ›künstlerischen Entwurfes‹ dem menschlichen und überhaupt dem endlichen Sein aus der ewigen Fülle des göttlichen Seins mitteilt. Der ›ins Dasein geworfene‹ Mensch entdeckt in seiner Eigentümlichkeit als Mensch, daß er im Dasein nicht verlassen oder vergessen wird. Der, der ihn ›geworfen‹ hat, sorgt für ihn und verleiht ihm Kraft und Leben und führt ihn dank seiner Liebe zu ungeahnten Leistungen und letztlich zur absoluten Vollkommenheit seines eigenen Seins.

Edith Stein bleibt aber nicht bei einer rein abstrakten Rede vom Sein stehen. Das Sein ist für sie auch ein ›Ich bin‹ und das heißt: »Ich lebe, ich weiß, ich will, ich liebe« (EES. 319); »Ich bin, der ich bin« (Ex. 3, 14).

»Beim Ich, bei dem das Sein Leben ist, können wir am ehesten fassen, daß Ich und Leben oder Sein nicht zweierlei sind, sondern untrennbar eins. Die Fülle des Seins persönlich geformt« (EES. 317). In diesem personhaften Sein finden wir auch den Sinn der Seienden, die nach ihrer Seinsvollkommenheit und Seinsfülle streben. Dies geschieht aber nicht automatisch; auch die ›Seinsentfaltung‹ ist Aufgabe des einzelnen Menschen, und diese Entfaltung entspringt dem, was der Mensch tut. Das Einkehren in sich selbst, die freie Entscheidung, den dunklen Weg des Glaubens zu gehen, die Annahme des Kreuzes und die absolute Hingabe des eigenen Seins in der Vereinigung der Liebe: all dies gehört zu der letzten Entfaltung des menschlichen Seins. Dort wird die zeitliche Vergänglichkeit überwunden und alle Grenzen der Endlichkeit werden vom Licht des Ewigen durchdrungen. Das zunächst nur Mögliche wird vollkommen verwirklicht, der begrenzende Horizont weitet sich ins Unendliche und die Zeit wird Ewigkeit. Im Licht der Ewigkeit erreicht der Mensch seine Seinsvollendung.

Diese Einleitung soll nicht abgeschlossen werden ohne ein kurzes Wort des Dankes an Sabine B. Spitzlei, die mir beratend und aktiv bei der Zusammenstellung der Texte und bei der sprachlichen und inhaltlichen Gestaltung der Einleitung sehr geholfen hat. Ich hoffe, mit diesem Band dem Leser über Edith Stein einen Zugang zum eigenen »verschlossenen Garten« zu ermöglichen.

Andrés Bejas

IM VERSCHLOSSENEN GARTEN
DER SEELE

Weil die Seele ein persönlich-geistiges Gebilde ist, darum ist ihr Innerstes und Eigentlichstes, ihr Wesen, aus dem ihre Kräfte und das Wechselspiel ihres Lebens entspringen, nicht nur ein unbekanntes X, das wir zur Erklärung der erfahrbaren seelischen Tatsachen annehmen, sondern etwas, was uns aufleuchten und spürbar werden kann, wenn es auch immer geheimnisvoll bleibt. Ihr ganzes geistiges Leben ist *bewußt* und ermöglicht ihr ein Zurückblicken auf sich selbst, auch ohne daß sie durch die Pforte des Gebetes eingeht.

Allerdings ist wohl zu bedenken, auf was für ein Selbst die Seele dann stößt, und das hängt damit zusammen, durch welche andere Pforte sie eingeht. Eine Möglichkeit des Zugangs ins Innere ergibt sich aus dem Verkehr mit anderen Menschen. Ein anderer Antrieb ergibt sich durch das Erstarken des Eigenwesens in der Zeit des Reifens vom Kinde zum Jugendlichen. Schließlich denken wir an die wissenschaftliche Erforschung der *inneren Welt,* die sich diesem Seinsgebiet wie allen anderen zugewendet hat. Doch am Ende wird man zu der Frage gedrängt, ob nicht doch die Pforte des Gebetes der einzige Zugang zum Inneren sei.

(EES. 465)

*

Das Innerste der Seele ist das »Geistigste« an ihr. Obgleich Eindrücke, die durch die Sinne vermittelt sind, bis hierher gelangen und obgleich sich das, was hier geschieht, bis in die Formung des Leibes hinein auswirkt, haben wir es doch mit einem von aller Sinnlichkeit und Leiblichkeit ablösbaren Sein zu tun: wir können uns ein *inneres Leben* der Seele denken, das bei ihrer Trennung vom Leib und beim Fortfall aller Sinneseindrücke bestehen bleibt. So ist das Leben der Seele nach dem Tode und vor der Auferstehung des Leibes zu denken. So ist ihr Leben – nach den Zeugnissen der Mystiker – in jenen ekstatischen Zuständen, in denen sie »entrückt« ist, die Sinne ohne Empfänglichkeit für äußere Eindrücke, der Leib wie tot, der Geist aber im Schauen zur höchsten Lebendigkeit, zur Fülle des Seins gelangt.

Vom Innersten her erfolgt auch die *Ausstrahlung* des eigenen Wesens, das unwillkürliche geistige Ausgehen von sich selbst. Je gesammelter ein Mensch im Innersten seiner Seele lebt, um so stärker ist diese Ausstrahlung, die von ihm ausgeht und andere in seinen Bann zieht. Um so stärker trägt aber auch alles freie geistige Verhalten den Stempel der persönlichen Eigenart, die im Innersten der Seele beheimatet ist. Um so stärker ist ferner der Leib davon geprägt und eben dadurch »vergeistigt«. Hier ist der wahre Mittelpunkt des leiblich-seelisch-geistigen Seins.

(EES. 405)

*

Das persönliche Ich ist im Innersten der Seele ganz eigentlich zu Hause. *Wenn* es hier lebt, dann verfügt es über die gesammelte Kraft der Seele und kann sie frei einsetzen. Dann ist es auch dem Sinn alles Geschehens am nächsten und aufgeschlossen für die Forderungen, die an es herantreten, am besten geeignet, ihre Bedeutung und Tragweite zu ermessen. Es gibt aber wenige Menschen, die so »gesammelt« leben. Bei den meisten hat das Ich seinen Standort vielmehr an der Oberfläche, wird wohl gelegentlich durch »große Ereignisse« erschüttert und in die Tiefe gezogen, sucht dann auch dem Geschehen durch ein angemessenes Verhalten zu entsprechen, kehrt aber nach längerem oder kürzerem Verweilen doch wieder an die Oberfläche zurück.

Was von außen herantritt, ist auch vielfach so, daß es von einem oberflächlichen oder doch nicht sehr tiefgelegenen Standort aus einigermaßen sachgemäß »erledigt« werden kann. Es ist nicht die letzte Tiefe nötig, um es in etwa zu verstehen, und es ist auch nicht erforderlich, mit dem Einsatz der ganzen gesammelten Kraft darauf zu antworten.

Aber wer gesammelt in der Tiefe lebt, der sieht auch die »kleinen Dinge« in großen Zusammenhängen; nur er vermag ihr Gewicht – an letzten Maßstäben gemessen – in der richtigen Weise einzuschätzen und sein Verhalten entsprechend zu regeln. Nur bei ihm ist die Seele auf dem Wege zur letzten Durchformung und zur Vollendung ihres Seins.

Wer nur gelegentlich in die Tiefen der Seele zurückgeht, um dann wieder an der Oberfläche zu verweilen, bei dem bleibt die Tiefe unausgebildet und kann auch ihre formende Kraft für die weiter nach außen gelegenen Schichten nicht entfalten. Und es mag Menschen geben, die überhaupt nie bis zu ihrer letzten Tiefe gelangen und darum nicht nur nie zur Vollendung ihres Seins, zur Durchformung ihrer Seele im Sinne ihrer Wesensbestimmtheit, sondern nicht einmal zu dem ersten, »vorläufigen« Besitz ihrer selbst, der für den Vollbesitz Voraussetzung ist und schon bei einem vorübergehenden Verweilen in der Tiefe erreicht wird: einem – wenigstens dunkel ahnenden – Wissen um den Sinn ihres Seins und um die Kraft, von sich aus auf das Ziel hinzuarbeiten, sowie um die Verpflichtung dazu. Ein solches Wissen bringt das »Aufleuchten« der Tiefen bei einschneidenden Ereignissen des eigenen Lebens mit sich. Es kann aber auch durch verstandesmäßige Belehrung (vor allem durch die Glaubenslehre, die das Menschenleben in diesem Sinn darstellt) vermittelt werden. Beides sind Aufrufe an die Seele, »bei sich selbst einzukehren« und das Leben von ihrem Innersten her in Angriff zu nehmen.

(EES. 404–405)

＊

Die innere Verarbeitung dessen, was in die Tiefe der Seele eindringt, geschieht nicht in einem Augenblick, sondern nimmt längere oder kürzere Zeit in Anspruch – in manchen Fällen kann sie sich über eine sehr lange Zeit erstrecken. Mit der inneren Verarbeitung ist dann gewöhnlich ein nach außen gerichtetes Stellungnehmen, vielleicht auch Handeln verbunden.

Die Nachricht, die von außen ins Innere eindringt, findet es immer schon in einer bestimmten Verfassung vor, die von der Seele als *Stimmung* gespürt wird. Das Eindringende kann eine Änderung dieser Verfassung herbeiführen; die Seele fühlt sich in ihrem Sein bedroht und antwortet mit Schrecken und Furcht. Das ist zugleich eine veränderte innere Verfassung. War sie vorher »bei sich« in Ruhe und Frieden, so herrscht jetzt Unruhe und Aufruhr und ein Stellungnehmen nach außen: gegen das, was ihr droht.

Das ist zunächst noch ein innerseelisches Geschehen und ein unwillkürliches »Antworten«. Es kann aber daraus ein freies Tun und schließlich ein in die äußere Welt übergreifendes Handeln hervorgehen.

Was in das Innere eindringt, ist immer ein Aufruf an die *Person.* Ein Aufruf an ihre *Vernunft* als die Kraft, geistig zu »vernehmen«, d. h. zu *verstehen,* was ihr widerfährt. Und so ist es ein Aufruf zur *Besinnung,* d. h. zum Suchen nach dem *Sinn* dessen, was an sie herantritt. Ein Aufruf an ihre *Freiheit:* schon das verstandesmäßige Suchen nach dem Sinn ist freies Tun. Darüber hinaus aber wird ein weiteres, diesem Sinn gemäßes Verhalten von ihr gefordert: wer mitten in seiner Arbeit entdeckt, daß Feuer im Hause ausgebrochen ist, muß die Arbeit abbrechen und sich ans Löschen begeben. Es

wäre ebenso unvernünftig, weiterzuarbeiten, wie
»starr vor Schrecken« überhaupt nichts zu tun.
(EES. 403)

*

Der helle Sonnenschein und das strahlende
Blau des Himmels, eine heitere Landschaft, ein
fröhliches Kinderlachen, ein aufmunterndes Wort
– all das kann in der Seele neues Leben wecken.
Was davon in die Sinne fällt, ist Ausdruck eines
Geistigen, das in die Seele aufgenommen zu werden verlangt, um darin Leben zu gewinnen. Indem
es aber darin aufgenommen wird, entfaltet es eine
lebenspendende Kraft. Darin enthüllt sich noch
einmal ein neuer Zusammenhang zwischen *Sinn*
und *Kraft*. Der aus dem Lebenszusammenhang
geistiger Personen gelöste Sinn, wie er uns in den
vom Geist geschaffenen unpersönlichen Gebilden
[etwa ein Kunstwerk; d. Hg.] entgegentritt, ist
gleichsam mit Kraft geladen und kommt zur Entla-
dung, wenn er wieder in den Lebenszusammenhang einer geistigen Person eingeht. Das vollzieht
sich im Innern der Seele, wo die aufgenommenen
Sinnesgehalte verarbeitet werden.
(EES. 400)

*

Das bewußte Leben der Seele auf ihrem Grunde
ist natürlich erst möglich, wenn sie zur Vernunft er-
wacht ist. Sie trägt dann schon das Gepräge dessen, was vorher in und mit ihr geschehen ist; sie
vermag sich nicht vom Beginn ihres Daseins an
und so, wie sie am Beginn ihres Daseins war, zu

fassen. Überdies ist ihr natürliches Leben auf Auseinandersetzung mit der Welt und Betätigung in ihr angelegt. Darum ist ihre natürliche Lebensrichtung das Hinausgehen aus sich selbst und nicht die Einkehr ins Innere und das Verweilen »bei sich«. Sie muß in sich hinein *gezogen* werden – wie es durch die *Forderungen,* die an sie herantreten, und durch die *Stimme des Gewissens* geschieht –, aber natürlicherweise wird der Zug nach außen immer wieder stärker sein, so daß das Verweilen im Inneren nicht lange dauert.

Wir müssen auch bedenken, daß das Ich natürlicherweise nicht viel vorfindet, wenn es bei sich einkehrt und alle Verbindung zur äußeren Welt löst: d. h. nicht nur die Tore der Sinne schließt, sondern auch von dem absieht, was sein Gedächtnis an Eindrücken aus der Welt bewahrt, und von dem, was es an sich selbst *wahrnimmt,* wenn es sich als einen »Menschen in dieser Welt« betrachtet – die Rolle, die es in der Welt spielt, die Talente und Fähigkeiten, die es hat.

Als Gegenstand der inneren Wahrnehmung, Erfahrung und Beobachtung bietet der Mensch – und die Seele mindestens so sehr wie der Leib – reichlich Stoff zur Beschäftigung. Und so ist ja auch vielen das »eigene Ich« (in diesem Sinne) wichtiger als die ganze übrige Welt. Aber was bei solcher innerer Wahrnehmung und Beobachtung erfaßt wird, sind Kräfte und Fähigkeiten zur Betätigung in der Welt und Ergebnisse solcher Betätigung: es ist nicht das eigentliche Innere, sondern Niederschlag des ursprünglichen seelischen Lebens, Krusten, die sich – stetig wachsend – um das Innere legen.

Zieht man sich aus all dem wirklich ins Innere zurück, so ist da allerdings nicht nichts, aber doch eine ungewohnte Leere und Stille. Das Lauschen auf den »Schlag des eigenen Herzens«, d.h. auf das innerseelische Sein selbst, vermag den Lebens- und Tatendrang des Ich nicht zu befriedigen. Und so wird es sich hier nicht lange aufhalten, wenn es nicht durch etwas anderes festgehalten wird, wenn das Innere der Seele nicht durch etwas anderes als von der äußeren Welt her erfüllt und in Bewegung gebracht wird.

Das ist es aber, was die Kenner des *inneren Lebens* zu allen Zeiten erfahren haben: sie wurden in ihr Innerstes hineingezogen durch etwas, was stärker zog als die ganze äußere Welt; sie erfuhren dort den Einbruch eines neuen, mächtigen, höheren Lebens, des übernatürlichen, göttlichen. »... Suchst du wohl einen hohen Ort, einen heiligen Ort, so biete dich innen als Tempel Gottes. ›Denn der Tempel Gottes ist heilig, und der seid ihr‹. Im Tempel willst du beten? In dir bete. Aber zuvor sollst du Tempel Gottes sein, weil er in seinem Tempel hört auf den Beter«. »... Ruf mich zurück aus Irrsalen: Du sei Führer – und ich gehe zurück in mich und in Dich«.

Die mystische Begnadung gibt als Erfahrung, was der Glaube lehrt: die Einwohnung Gottes in der Seele. Wer, von der Glaubenswahrheit geleitet, Gott sucht, der wird sich in freiem Bemühen eben dahin aufmachen, wohin der mystisch Begnadete gezogen wird: sich aus den Sinnen und den »Bildern« des Gedächtnisses, ja selbst noch aus der natürlichen Tätigkeit des Verstandes und Willens zurückziehen in die leere Einsamkeit seines Inneren, um dort zu verweilen im dunklen Glauben – in einem schlichten liebenden Aufblick des Geistes zu dem verborgenen Gott, der verhüllt gegenwärtig ist. Hier wird er in tiefem Frieden – weil am Ort seiner Ruhe – verharren, bis es dem Herrn gefällt, den Glauben in Schauen zu verwandeln.

(EES. 406–407)

*

Die *Gedanken des Herzens,* das ist das ursprüngliche Leben der Seele in ihrem Wesensgrunde, in einer Tiefe, die vor aller Spaltung in verschiedene Kräfte und ihre Betätigung liegt. Die Seele lebt sich darin aus, so wie sie in sich selbst ist, jenseits von allem, was durch die Geschöpfe in ihr hervorgerufen wird. Wenn dieses Innerste die Wohnstätte Gottes und der Ort der Vereinigung der Seele mit Gott ist, so flutet doch das Eigenleben hier, ehe das Leben der Vereinigung beginnt: auch dort, wo es nie zu einer Vereinigung kommt. Jede Seele hat ja ein Innerstes, und dessen Sein ist Leben.

Aber dieses Ur-Leben ist nicht nur vor anderen Geistern, sondern auch vor ihr selbst verborgen. Das hat verschiedene Gründe. Das Ur-Leben ist formlos. Die *Gedanken des Herzens* sind durchaus noch keine *Gedanken* im üblichen Sinn, keine fest umrissenen, gegliederten und faßbaren Gebilde des denkenden Verstandes. Sie müssen durch mancherlei Formungen hindurchgehen, ehe sie zu solchen Gebilden werden.

Sie müssen erst aufsteigen aus dem Grunde des Herzens. Dann kommen sie an eine erste Schwelle, wo sie spürbar werden. Dies *Spüren* ist eine viel ursprünglichere Weise des Bewußtseins als das verstandesmäßige Erkennen. Es liegt auch noch vor der Spaltung der Kräfte und Tätigkeiten. Es fehlt ihm die Klarheit des rein verstandesmäßigen Erkennens; andererseits ist es reicher als eine bloße Verstandeserkenntnis. Was aufsteigt, wird gespürt als mit einem Wertcharakter behaftet, der die Entscheidung an die Hand gibt, ob man das, was aufsteigt, aufkommen lassen soll und will oder nicht.

(Kw. 140)

*

Worin kann das Leben der Seele bestehen, wenn sie keinerlei äußere Eindrücke mehr empfängt, wenn sie auch nicht mehr mit dem beschäftigt ist, was sie gedächtnismäßig in sich bewahrt? Wir sagten, in ihrem Innern sei die Seele für sich selbst aufgebrochen; sie spürt hier, was sie selbst ist und in welchem Zustand sie ist. Das darf nicht etwa dahin mißverstanden werden, als könnte die Seele in diesem Leben natürlicherweise sich selbst erkennen, »wie sie erkannt ist« [1 Kor. 13, 12.], d. h. wie Gott sie kennt. Es wurde von »spüren« gesprochen, weil es sich zwar um etwas Geistiges handelt, aber um keine klare Verstandeserkenntnis, die sich begrifflich fassen und in Worten ausdrücken ließe.

Etwas davon macht sich auch geltend, wenn die

Seele nicht bei sich verweilt, sondern in Auseinandersetzungen mit der Welt sich nach außen betätigt; in der *Stimme des Gewissens,* die sie zum rechten Tun anleitet und vor dem unrechten zurückhält, die über ihre Taten, wenn sie vollbracht sind, das Urteil spricht und über die Verfassung, in der sie die Seele zurücklassen. Das Gewissen offenbart, wie die Taten in der Tiefe der Seele verwurzelt sind, und es bindet das Ich – trotz seiner freien Beweglichkeit – in die Tiefe zurück: die Stimme aus der Tiefe ruft es immer wieder dahin, wo es hingehört, um Rede und Antwort zu stehen über sein Tun und sich zu überzeugen, was es damit bewirkt hat – denn die Taten lassen ihre Spuren in der Seele zurück, sie ist nachher in einer anderen Verfassung, als sie vorher war.

Die Seele ist etwas in sich: das, als was sie Gott in die Welt gesetzt hat. Und dieses Was hat seine eigentümliche Beschaffenheit, die dem ganzen Leben, in dem es sich entfaltet, einen eigenen Stempel aufprägt: sie macht es, daß – wenn zwei dasselbe tun – es doch nicht dasselbe ist. *Was* und *wie* sie ist, das spürt die Seele in ihrem Inneren, in jener dunklen und unsagbaren Weise, die ihr das Geheimnis ihres Seins *als* Geheimnis zeigt, ohne es zu enthüllen. Sie trägt überdies in ihrem Was die Bestimmung dessen, was sie *werden* soll: durch das, was sie empfängt und was sie tut. Sie spürt, ob das, was sie in sich aufnimmt, mit ihrem eigenen Sein verträglich und dafür förderlich ist oder nicht, und ob das, was sie tut, im Sinne ihres Seins ist oder nicht. Und dem entspricht die Verfassung, in

der sie sich nach jeder Berührung und Auseinandersetzung mit der Welt »befindet«.

(EES. 405–406)

*

Es besteht die Möglichkeit, mehr oder weniger
»zu sich selbst zu kommen«. Und es besteht auch
die Gefahr, sich selbst zu verlieren. Denn wer nicht
zu sich selbst gelangt, der findet auch Gott nicht.
Oder richtiger noch: wer Gott nicht findet, der gelangt auch nicht zu sich selbst (mag er auch noch
so sehr mit sich selbst beschäftigt sein) und zu dem
Quell des ewigen Lebens, der in seinem eigenen
Innersten auf ihn wartet.

(EES. 465)

*

Gott ist im Innersten der Seele, und nichts, was
in ihr ist, ist vor Ihm verborgen. Doch kein ge-
schaffener Geist vermag von sich aus in diesen verschlossenen Garten einzutreten oder mit seinem
Blick dahin zu dringen.

(Kw. 138)

*

Der Geist – und das besagt, sachgemäß weit gefaßt, nicht nur Verstand, sondern auch *Herz* – ist
durch die dauernde Beschäftigung mit Gott vertraut geworden, er kennt Ihn und liebt Ihn. Diese
Kenntnis und Liebe sind ein Bestandteil seines
Seins geworden, etwa wie das Verhältnis zu einem
Menschen, mit dem man seit langer Zeit zusam-
menlebt und innig vertraut ist. Solche Menschen
brauchen nicht mehr Auskunft übereinander ein-
zuholen und übereinander nachzudenken, um sich

wechselseitig zu ergründen und von ihrer Liebens-
würdigkeit zu überzeugen. Es bedarf zwischen ihnen auch kaum noch der Worte. Wohl bringt jedes
neue Zusammensein ein neues Wachwerden und
eine Steigerung der Liebe, vielleicht auch noch ein
Kennenlernen von neuen Einzelzügen, aber das
geschieht wie von selbst, man braucht sich nicht
darum zu bemühen. So etwa ist auch der Verkehr
einer Seele mit Gott nach langer Übung im geistlichen Leben. Sie braucht nicht mehr zu betrachten,
um Gott kennen und lieben zu lernen.

(Kw. 103)

*

Wir müssen auch daran denken, was das Aufnehmen Gottes in das Innerste der Seele bedeutet.

Gegenwärtig ist ja der allgegenwärtige Gott
überall und immer: in den leblosen und vernunft-
losen Geschöpfen, die ihn nicht so wie die Seele
aufnehmen können, in den »äußeren Wohnungen« der Seele, wo sie selbst nichts von der Gegenwart Gottes merkt, und in ihrem Innersten, auch
wenn sie selbst sich nicht dort aufhält. Es kann
also nicht davon die Rede sein, daß Gott an einen
Ort käme, wo er vorher nicht war.

Daß die Seele Gott aufnimmt, das heißt vielmehr, daß sie sich ihm frei öffnet und hingibt zu jener Vereinigung, wie sie nur zwischen geistigen
Personen möglich ist. Es ist dies eine *liebende* Vereinigung: Gott ist die Liebe, und der Anteil am
göttlichen Sein, den die Vereinigung gewährt, muß
ein Mitlieben sein. Gott ist die Fülle der Liebe. Geschaffene Geister aber sind nicht fähig, die ganze

Fülle der göttlichen Liebe in sich aufzunehmen und mitzuvollziehen. Ihr Anteil bemißt sich nach dem Maß ihres Seins, und das bedeutet nicht nur ein »Soviel«, sondern auch ein »So«: die Liebe trägt den Stempel der persönlichen Eigenart. Und das macht es wiederum verständlich, daß Gott sich in jeder Menschenseele eine »eigene« Wohnung geschaffen haben mag, damit die göttliche Liebesfülle durch die Mannigfaltigkeit verschiedengearteter Seelen einen weiteren Spielraum für ihre Mitteilung fände.

(EES. 462)

*

Das Innerste der Seele haben wir als die »Wohnung Gottes« kennen gelernt. Durch seine reine Geistigkeit ist es fähig, den Geist Gottes in sich aufzunehmen; durch seine freie Persönlichkeit vermag es sich so hinzugeben, wie es für diese Aufnahme nötig ist. Die Berufung zur Vereinigung mit Gott ist Berufung zum ewigen Leben. Schon *natürlicherweise* ist die Menschenseele als rein geistiges Gebilde nicht sterblich. Als geistig-persönliche ist sie überdies einer übernatürlichen Lebenssteigerung fähig, und der Glaube lehrt uns, daß Gott ihr das ewige Leben, d.h. den ewigen Anteil an Seinem Leben schenken *will*.

So ist die einzelne Seele mit ihrer »einmaligen« Eigenart nicht ein Vergängliches, das nur bestimmt wäre, die Arteigentümlichkeit für eine vorübergehende Zeitdauer in sich auszuprägen und während dieser Zeitdauer an »Nachkommen« weiterzugeben, damit sie über das Einzelleben hinaus erhalten bleibe: sie ist zu ewigem Sein bestimmt, und das läßt es verständlich erscheinen, daß sie Gottes Bild auf eine »ganz persönliche Weise« wiedergeben soll.

Die Heilige Schrift bietet manchen Anhaltspunkt für eine solche Deutung. So dürfen wir den Psalmvers: *Qui finxit sigillatim corda eorum* (»Er hat eines jeden Herz einzeln gebildet«) dahin verstehen, daß jede einzelne Menschenseele aus Gottes Hand hervorgegangen ist und ein besonderes Siegel trägt. Und wenn es in der Offenbarung Johannis heißt: »Dem Sieger werde ich einen ... weißen Stein geben, und auf dem Stein wird ein neuer Name geschrieben stehen, den niemand kennt, als der ihn empfängt« – sollte jener Name nicht ein *Eigenname* im vollen Sinn des Wortes sein, der das innerste Wesen des Empfängers ausspricht und ihm das in Gott verborgene Geheimnis seines Seins aufschließt? Es ist ein »neuer« Name nicht für Gott, aber für den Menschen: auf der Erde hat er einen andern Namen geführt; die menschliche Sprache hat ja keine wahren Eigennamen; sie nennt die Dinge und auch Personen nach irgendwelchen Merkmalen, die allgemein faßbar sind. Die Menschen »kennzeichnen«, indem sie möglichst viele solcher Merkmale zusammentragen. Ihr Innerstes und Eigenstes bleibt ihnen meist verborgen, es wird verdeckt durch das Gepräge, das die menschliche Natur in ihnen im Laufe ihres Lebens unter dem Einfluß der Umwelt und besonders durch den Wechselverkehr in der *Gesellschaft* annimmt. Was sie davon in sich und an andern spüren, das bleibt dunkel und geheimnisvoll und ist für sie ein »Unaussprechliches«. Wenn aber das irdische Leben endet und alles abfällt, was vergänglich war, dann erkennt sich jede Seele, »wie sie erkannt ist«, d. h. wie sie vor Gott ist: als was und wozu Gott sie, sie ganz persönlich, erschaffen hat und was sie in der Natur- und Gnadenordnung – und dazu gehört wesentlich: kraft ihrer freien Entscheidungen – geworden ist.

(EES. 461–462)

*

Der Heilige [Johannes vom Kreuz, d. Hg.] nennt Gott den *Ruhepunkt* der Seele mit einem räumlichen Bild, das der naturwissenschaftlichen Auffassung seiner Zeit entnommen ist.

Danach werden die Körper mit aller Kraft nach dem Mittelpunkt der Erde hingezogen als dem Punkt der stärksten Anziehungskraft. Ein Stein im Innern der Erde wäre schon an einem gewissen Ruhepunkt, aber noch nicht am tiefsten Ruhepunkt, weil er noch die Fähigkeit, Kraft und Neigung hätte, weiter zu fallen, solange er nicht im Mittelpunkt wäre.

So hat die Seele ihren letzten und tiefsten Ruhepunkt in Gott gefunden, »wenn sie mit all ihren Kräften Gott erkennt, liebt und genießt«. In diesem Leben ist das niemals vollkommen der Fall. Wenn sie also durch die Gnade Gottes in ihrem Ruhepunkt ist, so ist es noch nicht der tiefste Ruhepunkt, weil sie immer noch tiefer in Gott eindringen kann. Denn die Kraft, die sie zu Gott hinzieht, ist die Liebe, und die kann hier immer noch höhere Grade erreichen. Je höher ihr Grad ist, desto tiefer ist sie in der Seele verankert, desto innerlicher ist die Seele von Gott ergriffen. Auf den Stufen der Leiter steigt die Seele zu Gott empor, d. h. zur Vereinigung mit Ihm. Je höher sie zu Gott aufsteigt, umso tiefer steigt sie in sich selbst hinab: die Vereinigung vollzieht sich im Innersten der Seele, im tiefsten Seelengrund.

(Kw. 137)

*

Unsere heilige Mutter *Teresa* sagt, daß es freilich ein merkwürdiger, ja krankhafter Zustand sei, daß jemand sein eigenes Haus nicht kennt. Aber tatsächlich sind viele Seelen »so krank und mit äußerlichen Dingen sich so zu beschäftigen gewohnt ..., daß es ihnen unmöglich scheint, in ihr Inneres einzukehren«. So haben sie es verlernt, zu beten. Darum ist die *erste Wohnung* [Teresa von Ávila umschreibt das Innere der Seele als eine Burg mit sieben Wohnungen, d. Hg.], in die man durch die Pforte des Gebetes gelangt, die der *Selbsterkenntnis*. Gotteserkenntnis und Selbsterkenntnis stützen sich gegenseitig. Durch die Selbsterkenntnis nähern wir uns Gott. Darum wird sie niemals überflüssig, wenn man auch schon in die inneren Wohnungen gelangt ist. Anderseits »werden wir ... nie zur vollkommenen Selbsterkenntnis gelangen, wenn wir uns nicht auch befleißen, Gott kennenzulernen«.

(EES. 395)

*

Für die Scheidung von Echtem und Unechtem in der eigenen Seele ist außer der Kritik des Verstandes wichtig die Berührung in der Praxis. Die Bewegungen des Gemüts sind Triebkräfte, die zum Handeln drängen. Wer wahrhaft begeistert ist für die Kunst, wird für einen Kunstgenuß gern ein Opfer der Bequemlichkeit bringen. Wer echte Nächstenliebe besitzt, wird an der Not des Nebenmenschen nicht teilnahms- und tatenlos vorbeigehen können. Wo man nichts von entsprechenden Taten sieht, muß man Verdacht hegen, daß hinter den großen Worten, wo nicht gar nichts, so doch nur ein Schwelgen in Phantasie- oder Scheingefühlen und -gesinnungen steckt.

(F. 62)

DER DUNKLE WEG
DES GLAUBENS

Die Welt, die wir mit den Sinnen wahrnehmen, ist
ja natürlicherweise der feste Grund, der uns trägt,
das Haus, in dem wir uns heimisch fühlen, das uns
nährt und mit allem Nötigen versorgt, Quelle unserer Freuden und Genüsse. Wird sie uns genommen
oder werden wir genötigt, uns aus ihr zurückzuziehen, so ist es wahrlich, als wäre uns der Boden unter den Füßen weggezogen und als würde es Nacht
rings um uns her; als müßten wir selbst versinken
und vergehen. Aber dem ist nicht so. In der Tat
werden wir auf einen sicheren *Weg* gestellt, allerdings auf einen dunklen Weg, einen in Nacht gehüllten: den Weg des *Glaubens*.

(Kw. 39)

*

Ich stoße in meinem Sein auf ein anderes, das
nicht meines ist, sondern Halt und Grund meines
in sich haltlosen und grundlosen Seins. Auf zwei
Wegen kann ich dahin gelangen, in diesem Grund
meines Seins, auf den ich in mir selbst stoße, das
ewige Sein zu erkennen.

Das eine ist der *Weg des Glaubens:* wenn Gott
sich offenbart als *der Seiende,* als *Schöpfer* und *Erhalter,* und wenn der Erlöser sagt: »Wer an den
Sohn glaubt, der hat das ewige Leben« (Joh. 3, 36),

so sind das lauter klare Antworten auf die Rätselfrage meines eigenen Seins. Und wenn Er mir
durch den Mund des Propheten sagt, daß Er treuer
als Vater und Mutter zu mir stehe, ja daß Er die
Liebe selbst sei, dann sehe ich ein, wie »vernünftig« mein Vertrauen auf den Arm ist, der mich hält,
und wie töricht alle Angst vor dem Sturz ins Nichts
– wenn ich mich nicht selbst aus dem bergenden
Arm losreiße.

Der Weg des Glaubens ist nicht der Weg der philosophischen Erkenntnis. Er ist die Antwort aus einer andern Welt auf die Frage, die sie stellt. Sie
[die philosophische Erkenntnis] hat auch einen eigenen Weg. Es ist der Weg des schlußfolgernden
Denkens, den die *Gottesbeweise* gehen [...] Das
schlußfolgernde Denken prägt scharfe Begriffe,
aber auch die vermögen den Unfaßlichen nicht zu
fassen, ja sie rücken ihn in die Ferne, die allem Begrifflichen eigen ist.

Mehr als der Weg des philosophischen Erkennens gibt uns der Weg des Glaubens: den Gott der
persönlichen Nähe, den Liebenden und Erbarmenden, und eine Gewißheit, wie sie keiner natürlichen Erkenntnis eigen ist. Aber auch der Weg des
Glaubens ist ein *dunkler* Weg. Gott selbst stimmt
seine Sprache zu menschlichen Maßen herab, um
uns das Unfaßliche faßlicher zu machen.

(EES. 57–58)

*

Wenn in einem geschichtlichen Werk über das Geistesleben des 20. Jahrhunderts die Umwandlung der modernen Physik durch den Einfluß der Einsteinschen Relativitätstheorie dargestellt wird, dann muß der Geschichtsforscher beim Naturwissenschaftler in die Schule gehen; sein Werk wird aber dadurch, daß er das Gelernte hineinarbeitet, kein naturwissenschaftliches. Das Ausschlaggebende ist die leitende Absicht.

Das Verhältnis zwischen Philosophie und Theologie ist nicht genau dasselbe, weil es dem Geschichtsforscher nicht um die Richtigkeit oder Falschheit der Einsteinschen Theorie zu tun ist, sondern nur um ihren geschichtlichen Einfluß. Dem Philosophen aber geht es, wenn er eine Anleihe bei der Theologie macht, um die offenbarte Wahrheit als *Wahrheit*. Das Gemeinsame ist, daß in beiden Fällen eine andere Wissenschaft in Anspruch genommen werden muß, um in der eigenen weiterzukommen, und daß auf Grund des erlangten Hilfsmittels dann auf dem eigenen Gebiet weitergearbeitet wird. Allerdings kann die Philosophie für das, was sie mit Hilfe der Glaubenslehre feststellt, nicht die Einsichtigkeit in Anspruch nehmen, die das Kennzeichen ihrer eigenen, selbständigen Ergebnisse ist (sofern es sich um echte philosophische Erkenntnis handelt).

Was aus der Zusammenschau von Glaubenswahrheit und philosophischer Erkenntnis stammt, das trägt den Stempel der doppelten Erkenntnisquelle, und der Glaube ist ein »dunkles Licht«. Er gibt uns etwas zu verstehen, aber nur, um uns auf etwas hinzuweisen, was für uns unfaßlich bleibt. Weil der letzte Grund alles Seienden ein unergründlicher ist, darum rückt alles, was von ihm her gesehen wird, in das »dunkle Licht« des Glaubens und des Geheimnisses, und alles Begreifliche bekommt einen unbegreiflichen Hintergrund.

(EES. 25–26)

*

Die Glaubenswahrheiten annehmen heißt Gott annehmen, denn Gott ist der eigentliche Gegenstand des Glaubens, von dem die Glaubenswahrheiten handeln. Gott annehmen, das heißt aber auch sich Gott im Glauben zuwenden oder »zu Gott hin glauben« *(credere in Deum),* Gott zustreben. So ist der Glaube ein Ergreifen Gottes. Das Ergreifen aber setzt ein Ergriffenwerden voraus: wir können nicht glauben ohne Gnade. Und Gnade ist Anteil am göttlichen Leben. Wenn wir uns der Gnade öffnen, den Glauben annehmen, haben wir den »Anfang des ewigen Lebens in uns«.

Wir nehmen den Glauben auf das Zeugnis Gottes hin an und gewinnen dadurch Erkenntnisse, ohne einzusehen: wir können die Glaubenswahrheiten nicht als in sich selbst einleuchtend annehmen wie notwendige Vernunftwahrheiten oder auch wie Tatsachen der sinnlichen Wahrnehmung: wir können sie auch nicht nach logischen Gesetzen aus unmittelbar einleuchtenden Wahrheiten ableiten. Das ist der eine Grund, warum der Glaube ein »dunkles Licht« genannt wird. Es kommt aber hinzu, daß er als *credere Deum* [an Gott glauben] und *credere in Deum* [zu Gott hin glauben] immer über alles hinausstrebt, was offenbarte Wahrheit ist, Wahrheit, von Gott in der Weise des menschlichen Erkennens in Begriffe und Urteile gefaßt, in Worten und Sätzen ausgedrückt. Er will mehr als einzelne Wahrheiten von Gott, er will Ihn selbst, der *die* Wahrheit ist, den ganzen Gott, und ergreift Ihn, ohne zu sehen: »obgleich's bei Nacht ist«. Das ist die tiefere Dunkelheit des Glaubens gegenüber der ewigen Klarheit, der er zustrebt.

(EES. 28–29)

*

Von dieser doppelten Dunkelheit spricht unser hl. Vater *Johannes vom Kreuz,* wenn er sagt: »... das Vorwärtsschreiten des Verstandes ist ein Mehrsichbefestigen im Glauben; und so ist das Vorwärtsgehen ein Verfinstertwerden, da der Glaube Finsternis für den Verstand ist«.

Dennoch ist es ein Vorwärtsschreiten: ein Hinausgehen über alle begrifflich faßbare Einzelerkenntnis hinein in das einfache Umfassen der Einen Wahrheit. Darum steht der Glaube der göttlichen Weisheit näher als alle philosophische und selbst theologische Wissenschaft. Weil uns aber das Gehen im Dunkeln schwer wird, darum ist jeder Strahl des Lichtes, das als ein Vorbote der künftigen Klarheit in unsere Nacht fällt, eine unschätzbare Hilfe, um an unserm Weg nicht irre zu werden. Und selbst das kleine Licht der natürlichen Vernunft vermag wertvolle Dienste zu leisten.

(EES. 29)

*

Wie Jesus in seiner Todesverlassenheit sich in die Hände des unsichtbaren und unbegreiflichen Gottes übergab, so wird sie [die Seele] sich hineinbegeben in das mitternächtliche Dunkel des Glaubens, der der einzige Weg zu dem unbegreiflichen Gott ist. So wird ihr die mystische Beschauung zuteil, der »Strahl der Finsternis«, die geheimnisvolle Gottesweisheit, die dunkle und allgemeine Erkenntnis: sie allein entspricht dem unfaßlichen Gott, der den Verstand blendet und ihm als Finsternis erscheint. Sie strömt in die Seele ein und kann es umso lauterer, je freier die Seele von allen anderen Eindrücken ist. Sie ist etwas viel Reineres, Zarteres, Geistiges und Innerlicheres als alles, was der Erkenntnis aus dem natürlichen Geistesleben bekannt ist, auch hinausgehoben über die Zeitlichkeit, ein wahrer Anfang des ewigen Lebens in uns. Es ist kein bloßes Annehmen der gehörten Glaubensbotschaft, kein bloßes Sichzuwenden zu Gott, den man nur vom Hörensagen kennt, sondern ein inneres *Berührtwerden* und ein *Erfahren* Gottes, das die Kraft hat, von allen geschaffenen Dingen loszulösen und emporzuheben und zugleich in eine Liebe zu versenken, die ihren Gegenstand nicht kennt. Ob dieses dunkle, liebende Erkennen, worin dieSeele in ihrem Innersten von Gott berührt wird – von »Mund zu Mund«, von Wesenheit zu Wesenheit –, noch zum Glauben gerechnet werden kann, wollen wir jetzt nicht entscheiden. Es ist die Hingabe der Seele durch den Willen (als ihren Mund) an das liebende Entgegenkommen des immer noch verborgenen Gottes: Liebe, die

nicht Gefühl, sondern Tat- und Opferbereitschaft ist, Hineinstellen des eigenen Willens in den göttlichen Willen, um von Ihm allein geleitet zu werden.
(Kw. 107)

*

Unser Ziel ist die Vereinigung mit Gott, unser Weg der gekreuzigte Christus, das Einswerden mit Ihm im Gekreuzigtwerden. Das einzig entsprechende Mittel dazu ist der Glaube.

Jedes Mittel muß seinem Zweck entsprechen. Mittel zur Vereinigung mit Gott kann nur sein, was mit Gott in Verbindung bringt und die größte Gleichförmigkeit mit Gott hat. Das kann man von keinem geschaffenen Wesen sagen. Wohl stehen alle in einer gewissen Beziehung zu Gott und tragen eine gewisse Spur Gottes an sich. »Doch von Gott zu den Geschöpfen hin gibt es keine Beziehung, keine Wesensähnlichkeit. Denn der Abstand zwischen Seinem göttlichen Sein und dem ihren ist unendlich. Darum ist es auch unmöglich, daß der Verstand durch Vermittlung der Geschöpfe, mögen es himmlische oder irdische sein, vollkommen in Gott eindringen kann ...«

Der Verstand kann sich also mit seiner Einsicht keinen angemessenen Begriff von Gott bilden, das Gedächtnis mit seiner Phantasie keine Formen und Bilder schaffen, die Gott wiedergeben könnten, der Wille keine Lust und Wonne kosten gleich jener, die Gott selber ist. Darum muß man, um zu Gott zu gelangen, »vielmehr dahin trachten ..., nicht zu verstehen, als verstehen zu wollen; ... eher blind werden und sich in Finsternis versetzen ...,

61

als die Augen öffnen ... [Johannes vom Kreuz, Aufstieg zum Berge Karmel; d. Hg.]«

Das Dunkel, das zu Gott führt, ist, wie wir schon wissen, der *Glaube*. Er ist das einzige Mittel, das zur Vereinigung führt, denn er stellt uns Gott vor Augen, wie Er ist: als unendlichen, als dreieinen. Der Glaube gleicht Gott darin, daß beide den Verstand blenden und ihm als Finsternis erscheinen.

Darum nennt der *Areopagit* die Beschauung *mystische Theologie,* d. h. geheime Gottesweisheit und einen *Strahl der Finsternis.*

(Kw. 56–57)

*

Der Glaube ist in erster Linie Sache des Verstandes. Wenn auch in der *Annahme* des Glaubens eine Beteiligung des Willens zum Ausdruck kommt, so ist es doch die Annahme einer Erkenntnis. Die *Dunkelheit* des Glaubens bezeichnet eine Eigentümlichkeit dieser Erkenntnis.

Die Beschauung ist Sache des Herzens, d. h. des Innersten der Seele, und darum aller Kräfte. Die Gegenwart und die scheinbare Abwesenheit Gottes werden im Herzen gespürt – beseligend oder in schmerzlichster Sehnsucht. Hier am Innersten, wo sie ganz bei sich selbst ist, spürt die Seele aber auch sich selbst und ihre Verfassung; und solange sie nicht völlig gereinigt ist, fühlt sie sie peinigend als Gegensatz zur erlebten Heiligkeit des gegenwärtigen Gottes. So bezeichnet die *Nacht* der Beschauung nicht nur Dunkelheit der Erkenntnis, sondern Finsternis der Unreinheit und reinigende Qual.

Im Glauben und in der Beschauung wird die Seele von Gott ergriffen. Das Annehmen der offenbarten Wahrheit geschieht nicht einfach durch natürlichen Willensentschluß. Die Glaubensbotschaft kommt zu vielen, die sie nicht annehmen. Es können dabei natürliche Beweggründe mitsprechen, aber es gibt auch Fälle, in denen ein geheimnisvolles Nicht-Können zugrunde liegt: die Gnadenstunde ist noch nicht gekommen. Das gnadenhafte Innewohnen hat noch nicht eingesetzt. In der Beschauung aber begegnet die Seele Gott selbst, der sie ergreift.

(Kw. 164)

*

Es war davon die Rede, daß der Glaube die seelischen Kräfte anzieht und zur Beschäftigung mit Gott und göttlichen Dingen anregt. Aber damit ist noch lange keine Loslösung von der geschaffenen Welt erreicht.

Auch Menschen, die sich ernstlich zu einem geistlichen Leben entschließen und beharrlich dabei bleiben, widmen doch nur einen kleineren oder größeren Teil des Tages dem Gebet und der Betrachtung. Im übrigen stehen sie mit beiden Füßen auf dem Boden der geschaffenen Welt. Sie bemühen sich, diese Welt erkenntnismäßig zu durchdringen und ihrer Herrschaft zu unterwerfen, zeitliche Güter zu erwerben und sich an ihnen zu freuen. Sie erliegen noch dem bestrickenden Zauber der natürlichen Güter und sind noch nicht unzugänglich für das, was die Sinne befriedigt, wenn sie sich auch vielleicht unter dem Einfluß ihres Gebetslebens in dieser Richtung schon weitgehend Schranken auferlegen. So ist ihr Verstand mit den Dingen dieser Welt beschäftigt und verbraucht darin seine Kraft, die Einbildungskraft ist davon erfüllt, der Wille dadurch bestimmt in seinen Bestrebungen, daran gebunden mit seinen Leidenschaften.

All das wirkt hemmend auch in sein Gebetsleben hinein und würde es schließlich ganz zunichts machen, wenn Gott der Seele nicht mit besonderem Gnadenbeistand zu Hilfe käme.

(Kw. 105)

*

Die Glaubenswahrheiten bringen uns zwar Gott zunächst durch Bilder und Gleichnisse und durch Begriffe nahe, die von den geschaffenen Dingen hergenommen sind. Aber darüber hinaus lehren sie uns, daß Gott über alles Geschaffene hinausgeht und über alles Fassen und Begreifen ist.

Darum müssen wir alle Geschöpfe hinter uns lassen und alle unsere Kräfte, mit denen wir die Geschöpfe fassen und begreifen, um uns im Glauben zu Gott, dem Unfaßlichen und Unbegreiflichen, zu erheben. Dazu sind weder die Sinne fähig noch der Verstand, wenn wir darunter die Fähigkeit zu begrifflichem Denken verstehen. In der gläubigen Hingabe an den unbegreiflichen Gott sind wir reiner Geist, gelöst auch von allen Bildern und Begriffen – eben darum im Dunkeln, weil die Welt unserer Tagesansicht sich aus Bildern und Begriffen aufbaut, *gelöst* auch aus dem Mechanismus einer Manigfaltigkeit verschiedener Kräfte, *geeint* und *einfach* in einem Leben, das Erkennen, Eingedenksein und Lieben in einem ist.

Wir stehen damit erst an der Schwelle des mystischen Lebens, am Eingang zu der Umformung, die durch die Nacht des Geistes erreicht werden soll. Aber wir sind bis zu dem gelangt, was bei der Aufhebung der Kräfte unangetastet bleibt. Es muß ja etwas bleiben, wenn erst nach Aufhebung der Kräfte die Vereinigung mit Gott und die Umformung in Gott möglich sein soll. Und dieses Etwas, jenseits von Sinnlichkeit und sinnlich-gebundenem Verstand, muß erst der *Geist im eigentlichen Sinne sein.*

(Kw. 104)

*

Die Theologen nennen den Glauben eine sichere, aber dunkle, dauernde Haltung *(habitus)* der Seele; dunkel, weil sie der Seele die von Gott selbst geoffenbarten Wahrheiten zum Glauben vorlegt, Wahrheiten, die über jedes natürliche Licht erhaben sind und allen menschlichen Verstand ohne jedes Verhältnis überragen. Daher kommt es, daß dies überhelle Licht, das der Seele im Glauben zuteil wird, für sie dunkle Finsternis ist, denn das Größere beraubt und überwindet des Geringere. So verschlingt und überwindet das Licht des Glaubens durch seine übergroße Stärke das Licht unseres Verstandes, das sich ja von sich aus nur auf natürliche Erkenntnis erstreckt.

Es kann indessen für Übernatürliches aufnahmefähig werden, wenn Gott es zu übernatürlicher Erkenntnis erheben will. Aus sich selbst vermag der Verstand nur natürliche Erkenntnis zu gewinnen auf dem für ihn natürlichen Wege: mit Hilfe der Sinne, die ihm einen Gegenstand darbieten. Dann muß er die Vorstellungen und Eindrücke von den Dingen festhalten, entweder so, wie sie in sich sind, oder in Gleichnissen. Spricht man einem Menschen von etwas, was er niemals gesehen hat, und kennt er auch nichts Ähnliches, was ihm auf die Spur helfen kann, so wird er wohl den Namen auffassen können, aber niemals ein Bild von der Sache gewinnen: z. B. der Blindgeborene von der Farbe. Ähnlich verhält es sich für uns mit dem Glauben: er berichtet uns von Dingen, von denen wir nie etwas gesehen oder gehört haben; wir kennen auch nichts, was ihnen ähnlich wäre. Wir können bloß annehmen, was uns gesagt wird, indem wir das Licht unserer natürlichen Erkenntnis ausschalten. Wir haben nur dem zuzustimmen, was wir hören, ohne daß es uns durch einen Sinn nahegebracht würde.

Darum ist der Glaube für die Seele völlig dunkle Nacht. Aber gerade dadurch bringt er ihr Licht: ein Wissen von vollkommener Gewißheit, das jede andere Kenntnis und Wissenschaft übertrifft, so daß man nur in vollkommener Beschauung zur richtigen Vorstellung vom Glauben gelangen kann. Darum heißt es: *Si non credideritis, non intelligetis* (»Wenn ihr nicht glaubt, werdet ihr nicht zur Einsicht kommen« Is. 7,3).

(Kw. 49–50)

*

Aus dem letzten ist nicht nur klar geworden, daß der Glaube eine dunkle Nacht ist, sondern auch daß er ein *Weg* ist: der Weg zu dem Ziel, dem die Seele zustrebt, zur Vereinigung mit Gott. Denn er allein gibt Kenntnis von Gott. Und wie sollte man zur Vereinigung mit Gott gelangen, ohne Ihn zu kennen? Um aber vom Glauben ans Ziel geführt werden zu können, muß sich die Seele in der rechten Weise verhalten. Sie muß nach eigener Wahl und in eigener Kraft in die Glaubensnacht eingehen. Nachdem sie in der Nacht der Sinne allem Verlangen nach den Geschöpfen entsagt hat, muß sie jetzt, um zu Gott zu gelangen, ihren natürlichen Kräften, den Sinnen und auch dem Verstand, absterben. Denn um die übernatürliche Umgestaltung zu erreichen, muß sie das Natürliche unter sich zurücklassen. (...) Sie muß sich von allem losmachen, was in den Bereich ihrer Fassungskraft fällt. Und sie muß wie ein Blinder im Dunkeln bleiben, sich auf den dunklen Glauben stützen und ihn zur Leuchte und zum Führer wählen und sich auf nichts von dem stützen, was sie versteht oder genießt oder empfindet oder sich vorstellt. Denn das alles ist Finsternis, die sie in die Irre führt oder aufhält. Der Glaube dagegen ist über allem solchen Verstehen, Genießen, Empfinden und Vorstellen.

(Kw. 50–51)

*

Das geistige Schauen ist viel schärfer und deutlicher als das leibliche. Es ist wie das Aufleuchten eines Blitzes, der bei dunkler Nacht für einen Augenblick die Dinge klar und bestimmt hervortreten läßt. Unter der Einwirkung des geistigen Lichtes prägen sich aber die Dinge der Seele so tief ein, daß sie sie jedesmal, wenn sie ihr mit der Gnade Gottes wieder bewußt werden, genau so erkennt, wie sie sie zuerst schaute. Sie bewirken in der Seele Ruhe und Klarheit, himmliche Freude, lautere Liebe, Demut und Erhebung des Geistes zu Gott.

(Kw. 63)

DIE WISSENSCHAFT
DES KREUZES

Wenn wir von *Kreuzeswissenschaft* sprechen, so ist
das nicht im üblichen Sinn von *Wissenschaft* zu
verstehen: sie ist keine bloße Theorie, d. h. kein reiner Zusammenhang von – wirklich oder vermeint-
lich – wahren Sätzen, kein in gesetzmäßigen
Denkschritten aufgeführtes ideales Gebäude. Sie
ist wohlerkannte Wahrheit – eine Theologie des
Kreuzes –, aber lebendige, wirkliche und wirksame
Wahrheit: einem Samenkorn gleich wird sie in die
Seele gesenkt, schlägt darin Wurzeln und wächst,
gibt der Seele ein bestimmtes Gepräge und bestimmt sie in ihrem Tun und Lassen, so daß sie aus
diesem Tun und Lassen hervorstrahlt und erkenn-
bar wird. In diesem Sinn spricht man von einer
Wissenschaft der Heiligen und sprechen wir von
Kreuzeswissenschaft. Dieser lebendigen Form und
Kraft im tiefsten Innern entspringt auch die Le-
bensauffassung, das Gottes- und Weltbild des
Menschen, und so kann sie Ausdruck finden in einem Gedankenbilde, einer Theorie.
(Kw. 3)

*

  Es gibt natürlich erkennbare Zeichen, die darauf
hinweisen, daß die menschliche Natur, wie sie tatsächlich ist, sich in einem Zustand der Entartung

befindet. Dazu gehört die Unfähigkeit, Tatbestände entsprechend ihrem wahren Wert innerlich aufzunehmen und zu beantworten. Diese Unfähigkeit kann in einem angeborenen Stumpfsinn (wörtlich verstanden) begründet sein oder in einer allgemeinen Abstumpfung, die sich im Laufe des Lebens herausgebildet haben; schließlich in einer Abstumpfung bestimmten Eindrücken gegenüber infolge häufiger Wiederholung. Was oft gehört wurde, was altbekannt ist, das »läßt uns kalt«. Dazu kommt überdies noch vielfach ein übermäßiges inneres Inanspruchgenommensein durch eigenpersönliche Belange, das für anderes unzugänglich macht. Wir empfinden unsere eigene innere Unbeweglichkeit als unsachgemäß und leiden darunter. Daß sie einem psychologischen Gesetz entspricht, hilft uns nicht darüber hinweg. Wir fühlen uns andererseits beglückt, wenn wir uns durch die Erfahrung überzeugen, daß wir noch zu tiefer, echter Freude fähig sind; und auch der tiefe, echte Schmerz ist uns wie eine Gnade im Verhältnis zur Starrheit des Nichtempfindenkönnens.

Die Abgestumpftheit ist uns besonders schmerzlich auf religiösem Gebiet. Viele Gläubige fühlen sich bedrückt dadurch, daß die Tatsachen der Heilsgeschichte durchaus nicht (oder nicht mehr) den Eindruck auf sie machen, der ihnen gebührt, und sich in ihrem Leben nicht, wie sie sollten, als formende Kraft auswirken. Das Beispiel der Heiligen zeigt ihnen, wie es eigentlich sein müßte: wo wahrhaft lebendiger Glaube ist, da sind die Glaubenslehren und die »Großtaten« Gottes der Inhalt des Lebens, alles andere tritt dagegen zurück und wird von ihnen aus gestaltet. Das ist *heilige Sach-lichkeit:* die ursprüngliche innere Empfänglichkeit der aus dem Heiligen Geist wiedergeborenen Seele; was an sie herantritt, das nimmt sie in der angemessenen Weise und in der entsprechenden Tiefe auf; und es findet sich in ihr eine durch keine verkehrten Hemmungen und Erstarrungen behinderte, lebendige, bewegliche und formungsbereite Kraft, die sich durch das Aufgenommene leicht und freudig prägen und leiten läßt. Nimmt die Kraft einer heiligen Seele in dieser Weise die Glaubenswahrheiten auf, so wird sie zur *Wissenschaft der Heiligen.* Wird das Geheimnis vom Kreuz ihre *innere Form,* dann wird sie zur *Kreuzeswissenschaft.*

(Kw. 4–5)

*

Gut ist es, den Gekreuzigten im Bild zu verehren und Bilder zu verfertigen, die zu seiner Verehrung anspornen. Aber besser als Bilder aus Holz oder Stein sind lebendige Bilder. Seelen nach dem Bilde Christi zu formen, das Kreuz ihnen ins Herz zu pflanzen.

(Kw. 224)

*

Es ist dem Künstler eigen, daß das, was ihn innerlich berührt, sich in ihm zum Bild gestaltet und auch von ihm nach außen gestaltet zu werden verlangt. Bild ist hier nicht auf den Bereich des Anschaulichen und der bildenden Kunst beschränkt; es ist jegliches künstlerische Gebilde darunter zu verstehen, auch das dichterische und musikalische. Es ist zugleich Bild, in dem etwas zur Darstellung kommt, und Gebilde als ein Gebildetes und in sich Geschlossenes, zu einer eigenen kleinen Welt gerundetes.

Jedes echte Kunstwerk ist überdies Sinnbild, gleichgültig, ob es das nach der Absicht des Künstlers sein soll oder nicht, ob er Naturalist oder Symbolist ist. Sinnbild, d. h. es ist aus der unendlichen Fülle des Sinnes, in die jede menschliche Erkenntnis vorstößt, etwas darin erfaßt und ausgesprochen und spricht daraus; und zwar so, daß die gesamte Sinnfülle, die für alle menschliche Erkenntnis unerschöpflich ist, geheimnisvoll darin anklingt. So verstanden ist alle echte Kunst Offenbarung und alles künstlerische Schaffen heiliger Dienst.

Dennoch bleibt es wahr, daß in der künstlerischen Veranlagung eine Gefahr liegt, und nicht nur dann, wenn der Künstler für die Heiligkeit seiner Aufgabe kein Verständnis hat. Es ist die Gefahr, daß er es beim Gestalten des Bildes bewenden läßt, als ob es für ihn keine anderen Forderungen gäbe. Was gemeint ist, läßt sich gerade am Beispiel des Kreuzbildes besonders deutlich zeigen. Es wird kaum einen gläubigen Künstler geben, der sich nicht gedrängt fühlte, einen Christus am Kreuz oder den Kreuztragenden zu gestalten. Aber der Gekreuzigte verlangt auch vom Künstler mehr als ein solches Bild. Er fordert von ihm wie von jedem Menschen die Nachfolge: daß er sich selbst zum Bild des Kreuztragenden und Gekreuzigten gestalte und gestalten lasse. Das Gestalten

nach außen kann ein Hindernis für die Selbstgestaltung sein, muß es aber durchaus nicht sein; es
kann sogar der Selbstgestaltung dienen, weil das
innere Bild selbst erst mit der Gestaltung des äußeren völlig ausgeformt und innerlich angeeignet
wird; damit wird es, wenn kein Hindernis in den
Weg tritt, zur inneren Form, die zur Auswirkung
im Tun, d.h. auf den Weg der Nachfolge drängt.
Ja, auch das äußere Bild, das selbstgeschaffene,
kann immer erneut als Ansporn zur Selbstgestaltung in seinem Sinne dienen.

(Kw. 5–6)

*

Gott hat die Menschenseelen für sich erschaffen. Er will sie mit sich selbst vereinigen und ihnen
die unermeßliche Fülle und unfaßbare Seligkeit
Seines eigenen, göttlichen Lebens schenken: schon
in diesem Leben. Das ist das *Ziel,* worauf Er sie
hinlenkt und dem sie selbst mit all ihren Kräften
zustreben sollen. Aber der Weg dahin ist eng und
steil und mühsam. Die meisten bleiben auf der
Strecke. Wenige gelangen über die ersten Anfänge
hinaus, eine verschwindend kleine Anzahl ans
Ziel.

(Kw. 31)

*

Darum darf die Seele Trockenheit und Dunkelheit als glückliche Anzeichen ansehen: als Anzeichen, daß Gott daran ist, sie von sich selbst zu
befreien; Er windet ihr ihre Seelenkräfte aus den
Händen. Wohl hätte sie viel damit erwerben können, aber niemals so vollendet, vollkommen und

sicher damit wirken können wie nun, wo Gott sie
an der Hand nimmt. Er führt sie wie einen Blinden
auf dunklen Wegen, ohne daß sie weiß, wo und
wohin – doch auf Wegen, die sie selbst beim glück-
lichsten Wandeln durch den Gebrauch ihrer eigenen Augen und Füße nie gefunden hätte. Dabei
macht sie große Fortschritte, ohne es selbst zu ver-
muten, ja in der Meinung, verloren zu sein.
(Kw. 122)

*

Das Versinken der Sinnenwelt ist wie das Hereinbrechen der Nacht, wobei noch ein *Dämmerlicht* von der Tageshelligkeit zurückbleibt. Der
Glaube dagegen ist *mitternächtliches Dunkel,* weil
hier nicht nur die Sinnestätigkeit ausgeschaltet ist,
sondern auch die natürliche Verstandeserkenntnis.
Wenn aber die Seele Gott findet, dann bricht in
ihre Nacht gleichsam schon die *Morgendämmerung* des neuen Tages der Ewigkeit herein.
(Kw. 39)

*

Kein Menschenherz ist je in eine so dunkle Nacht
eingegangen wie der Gottmensch in Gethsemani
und auf Golgotha. In das unergründliche Geheimnis der Gottverlassenheit des sterbenden Gottmenschen vermag kein forschender Menschengeist
einzudringen. Aber Jesus kann auserwählten Seelen
etwas von dieser äußersten Bitterkeit zu kosten
geben. Es sind seine treuesten Freunde, denen er
es als letzte Probe ihrer Liebe zumutet. Wenn sie
nicht davor zurückschrecken, sondern sich willig

74

hineinziehen lassen in die Dunkle Nacht, dann wird sie ihnen zum Führer.

(Kw. 25)

*

Welcher menschliche Sehnsuchtsschmerz aber kann sich messen mit dem Leiden des Gottmenschen, der Sein ganzes Leben hindurch im Besitz der seligen Gottesschau war, bis er sich kraft freien Willensentschlusses in der Ölbergsnacht dieses Genusses beraubte? Sowenig ein Menschengeist und ein Menschenherz ausdenken und erfühlen können, was die ewige Seligkeit ist, sowenig vermögen wir einzudringen in das unergründliche Geheimnis einer solchen Beraubung. Er allein, der Einzige, der sie erfahren hat, kann denen, die Er dafür erwählt, etwas davon zu kosten geben in der Vertraulichkeit der bräutlichen Vereinigung. Die Gottverlassenheit in ihrer ganzen Tiefe war Ihm ausschließlich vorbehalten und konnte von Ihm nur gelitten werden, weil Er Gott und Mensch zugleich war, als Gott konnte Er nicht leiden, als reiner Mensch hätte Er das Gut, dessen Er sich beraubte, nicht fassen können. So ist die Menschwerdung Bedingung dieses Leidens, die menschliche Natur als leidensfähige und wirklich leidende Werkzeug der Erlösung.

(Kw. 227)

*

In Christus war durch Seine Natur und Seine freie Entscheidung nichts, was der Liebe widerstand. Er lebte jeden Augenblick Seines Daseins in der restlosen Hingabe an die göttliche Liebe. Aber

Er hatte in der Menschwerdung die ganze Sünden-
last der Menschheit auf sich genommen, sie mit
Seiner erbarmenden Liebe umfaßt und in Seine
Seele geborgen; im *Ecce venio* [siehe, ich komme],
womit Er Sein irdisches Leben begann, und aus-
drücklich erneut in Seiner Taufe und im *Fiat!* von
Gethsemani. So vollzog sich der sühnende Brand
in Seinem Innern, in Seinem ganzen, lebenslangen
Leiden, in der schärfsten Form aber im Ölgarten
und am Kreuz, weil hier die spürbare Seligkeit der
unaufhebbaren Vereinigung aufhörte, um Ihn
ganz dem Leiden preiszugeben und dies Leiden
zum Erlebnis der äußersten Gottverlassenheit werden zu lassen. Im *Consummatum est* [es ist voll-
bracht] wird das Ende des sühnenden Brandes
verkündigt und im *Pater, in manus tuas commendo
spiritum meum* [Vater, in deine Hände lege ich meinen Geist] die endgültige Rückkehr in die ewige,
ungetrübte Liebesvereinigung.

(Kw. 165)

*

Menschlichen Trost gibt es freilich nicht, aber
der das Kreuz auflegt, versteht es, die Last süß und
leicht zu machen.

(B. II 127)

DAS WESEN DER LIEBE

Das innerste Wesen der Liebe ist Hingabe. Gott, der die Liebe ist, verschenkt sich an die Geschöpfe, die Er zur Liebe geschaffen hat.
(EES. 383)

*

Verlangen, Wollen und Liebe haben alle gemeinsam, daß sie ein Gut bejahen. Das Verlangen ist auf das Empfangen des begehrten Gutes gerichtet, das Wollen auf seine Verwirklichung mit Einsatz des eigenen Tuns, sofern es dessen bedarf. Die Liebe ist Hingabe an das Gut. Hingabe im eigentlichen Sinn ist nur einer Person gegenüber möglich. So geht die Liebe im vollen und eigentlichen Sinn von Person zu Person, wenn es auch mancherlei »von der Art der Liebe« gibt, was auf Unpersönliches gerichtet ist. Die Hingabe zielt auf Einswerden, sie kommt erst zur Vollendung durch Annahme von seiten der geliebten Person. So fordert die Liebe zu ihrer Vollendung die Wechselhingabe der Personen. Und nur so kann die Liebe auch volles Jasagen sein, weil eine Person sich der andern nur in der Hingabe erschließt. Nur im Einswerden ist eigentliche Erkenntnis von Personen möglich. Die Liebe in dieser höchsten Erfüllung schließt also die Erkenntnis ein. Sie ist zugleich Empfangen und freie Tat. So schließt sie auch den Willen ein und ist Erfüllung des Verlangens.

Die Liebe selbst hat im Bereich des Endlichen verschiedene Arten und Formen: als Liebe des Niederen zum Höheren hat sie mehr vom Verlangen an sich und ist vornehmlich auf Empfang gestellt; als Liebe vom Höheren zum Niederen ist sie mehr freies Schenken aus eigener Überfülle. Immer muß sie aber Hingabe sein, um echte Liebe zu sein. Ein Begehren, das nur für sich gewinnen will, ohne sich selbst zu geben, verdient den Namen Liebe nicht. Man darf wohl sagen, daß der endliche Geist in der Liebe seine höchste Lebensfülle erreicht.

(EES. 416–417)

*

Wenn die Liebe in ihrer höchsten Erfüllung Wechsel-Hingabe und Einswerden ist, so gehört dazu eine Mehrheit von Personen. Das »Hängen« an der eigenen Person, die Selbst-Behauptung, die der verkehrten Selbstliebe eigen sind, bilden den äußersten Gegensatz zum göttlichen Wesen, das ja Selbst-Hingabe ist. Die einzige »vollkommene« Verwirklichung der Liebe ist das göttliche Leben selbst, die Wechselhingabe der göttlichen Personen. Hier findet jede Person in der andern sich selbst wieder, und da ihr Leben wie ihr Wesen eines ist, so ist die wechselseitige Liebe zugleich Selbstliebe, Jasagen zum eigenen Wesen und zur eigenen Person. Die nächste Annäherung an diese reine Liebe, die Gott ist, im Bereich des Geschöpflichen ist die Hingabe endlicher Personen an Gott.

Es vermag zwar kein endlicher Geist den göttlichen Geist ganz zu umfassen. Aber Gott – und Er allein – umfaßt jeden geschaffenen Geist ganz: wer sich ihm hingibt, der gelangt in der liebenden Vereinigung mit ihm zur höchsten Seinsvollendung, zu jener Liebe, die zugleich Erkenntnis, Herzenshingabe und freie Tat ist. Sie ist ganz Gott zugewendet, aber in der Vereinigung mit der göttlichen Liebe umfaßt der geschaffene Geist auch erkennend, selig und frei bejahend sich selbst. Die Hingabe an Gott ist zugleich Hingabe an das eigene gottgeliebte Selbst und die ganze Schöpfung, namentlich an alle gottgeeinten Geistwesen.

(EES. 419–420)

*

Göttliches Leben aber ist Liebe, überströmende, unbedürftige, frei sich verschenkende Liebe: Liebe, die sich erbarmend zu jedem bedürftigen Wesen herabneigt; Liebe, die Krankes heilt und Totes zum Leben erweckt; Liebe, die hütet und hegt, ernährt, lehrt und bildet; Liebe, die mit den Trauernden trauert und mit den Fröhlichen fröhlich ist; die jedem Wesen dienstbar wird, damit es das werde, wozu es der Vater bestimmt hat; mit einem Wort: die Liebe des göttlichen Herzens.

(F. 11)

*

Liebe ist ja ihrem letzten Sinne nach Hingabe des eigenen Seins und Einswerden mit dem Geliebten. Den göttlichen Geist, das göttliche Leben, die göttliche Liebe – und das alles heißt nichts anderes als: Gott selbst – lernt kennen, wer den Willen Gottes tut. Denn indem er mit innerster Hingabe tut, was Gott von ihm verlangt, wird das göttliche Leben *sein* inneres Leben: er findet Gott in sich, wenn er bei sich einkehrt.

(EES. 410–411)

*

Das Einswerden in der Liebe bringt ein geistiges Aufnehmen des geliebten Wesens mit sich und macht den Liebenden zum *Abbild* des Geliebten. Und was als Frucht aus solcher Einigung hervorgeht, das trägt den Stempel der Wesensgemeinsamkeit. Eine solche Zeugung ist nur bei geistigen Personen (nicht bei niederen Lebewesen) und ist auch als *rein* geistige möglich: in der liebenden Vereinigung der Geister, die sich einander ganz erschließen und in ihrer Wesenseinigung fruchtbar sind: durch die Atmosphäre, die von ihnen auf ihre Umgebung ausstrahlt, vielleicht auch durch Werke, die sie gemeinschaftlich schaffen und durch die sie ihren Geist »fortpflanzen«.

(EES. 428)

*

Daß die Seele Gott aufnimmt, das heißt, daß sie sich ihm frei öffnet und hingibt zu jener Vereinigung, wie sie nur zwischen geistigen Personen möglich ist. Es ist dies eine *liebende* Vereinigung: Gott ist die Liebe, und der Anteil am göttlichen Sein, den die Vereinigung gewährt, muß ein Mitlieben sein. Gott ist die Fülle der Liebe. Geschaffene Geister aber sind nicht fähig, die ganze Fülle der göttlichen Liebe in sich aufzunehmen und mitzuvollziehen. Ihr Anteil bemißt sich nach dem Maß ihres Seins, und das bedeutet nicht nur ein »Soviel«, sondern auch ein »So«: die Liebe trägt den Stempel der persönlichen Eigenart.

(EES 462)

*

Unter der Vereinigung mit Gott ist nicht gemeint jene wesenhafte Vereinigung Gottes mit allen Dingen, wodurch sie in ihrem Sein erhalten werden, sondern eine Vereinigung und Umgestaltung der Seele in Gott durch die Liebe; diese besteht nicht immer wie jene andere, vielmehr nur dann, wenn die Seele zur Ähnlichkeit in der Liebe gelangt ist. Jene Vereinigung ist natürlich, diese übernatürlich. Die übernatürliche kommt zustande, wenn der Wille der Seele und der Wille Gottes in *einen* verschmolzen sind, so daß es nichts gibt, was dem einen in dem andern widerstreben würde. Wenn sich also die Seele »so vollständig von dem entäußert, was dem göttlichen Willen widerstreitet und sich mit Ihm gleichförmig macht, dann ist sie durch die Liebe in Gott umgestaltet. Darunter ist nicht nur jede einzelne dem göttlichen Willen entgegengesetzte Handlung zu verstehen, sondern auch jede Ihm widerstrebende Gewohnheit ... Und weil kein Geschöpf und nichts, was so ein Geschöpf leistet und vermag, an das Wesen Gottes heranreicht oder Ihm entspricht, so muß sich die Seele losmachen von jedem Geschöpf und allen seinen Werken und Fähigkeiten ... Nur so vollzieht sich die Umgestaltung in Gott«.

Das göttliche Licht wohnt also schon natürlicherweise in der Seele. Aber erst, wenn sie um Gottes willen sich alles dessen entledigt, was nicht Gott ist – das heißt Lieben! –, kann sie erleuchtet und in Gott umgestaltet werden. »Gott teilt ihr sodann Sein eigenes übernatürliches Sein mit, so daß sie Gott selber zu sein scheint und ihr eigen nennt, was Gottes ist«. So weit geht die Vereinigung, »daß alles, was Gott und der Seele zu eigen ist, eins wird in dieser Mitteilung und Umgestaltung. So scheint dann die Seele mehr Gott zu sein als Seele«. Sie ist Gott durch Teilnahme, behält aber trotz der Umwandlung »ihr natürliches, vom göttlichen so ganz verschiedenes Sein«.

(Kw. 52–53)

*

Wenn er [der Glaube] durch Entblößtsein, Dunkel und geistige Armut in der Seele Wurzel faßt, ergießen sich zugleich *Hoffnung und Liebe* in sie – freilich eine Liebe, die sich nicht im Gefühl durch eine gewisse Zärtlichkeit kundgibt, sondern sich in der Seele offenbart durch Kraft und größeren Mut und ungekannte Herzhaftigkeit. Gott, dem Unbegreiflichen, der über allem thront, müssen wir auf dem Wege der völligen Entsagung entgegengehen.

(Kw. 63–64)

*

Mein Eindruck war, daß hier [gemeint ist Teresia v. Lisieux] ein Menschenleben einzig und allein von der Gottesliebe bis ins Letzte durchgeformt ist. Etwas Größeres kenne ich nicht, und davon

möchte ich soviel wie möglich in mein Leben hin-
einnehmen und in das aller, die mir nahestehen.
(B.I. 133)

*

Daß Gott allein an der Liebe und ihren Äußerungen Gefallen findet, hat seinen Grund darin,
daß all unsere Werke und Bemühungen vor Seinen
Augen ein reines Nichts sind. Wir können Ihm
nichts geben, Er bedarf nichts und verlangt nichts.
»Er will nur eines: die Würde unserer Seele erheben ...; was Ihm allein Gefallen bereitet, ist die Bereicherung der Seele. Weil sie durch nichts anderes
mehr zu Ehren kommen kann, als wenn Er sie sich
gleichmacht, so will Er einzig und allein, daß sie
Ihn liebe. Der Liebe ist es ja eigen, den Liebenden
dem, was er liebt, gleichzumachen.
(Kw. 232)

*

Die Liebe, der ich begegne, stärkt und belebt
mich und verleiht mir die Kraft zu ungeahnten Leistungen. Das Mißtrauen, auf das ich stoße, lähmt
meine Schaffenskraft ... Der, der mich liebt, verliert nicht in dem Maße an Kraft, wie er mich belebt, und der mich haßt, gewinnt nicht etwa die
Kräfte, die er in mir vernichtet. Im Gegenteil: Die
Liebe wirkt in dem Liebenden als eine belebende
Macht, die evtl. mehr Kräfte in ihm entfaltet, als
ihr Erleben ihn kostet; und der Haß zehrt als Ge-
halt noch weit stärker an seinen Kräften als sein
Erleben. Die Liebe und die positiven Stellungnah-
men überhaupt zehren sich also nicht selbst auf,

sondern sind ein Born, aus dem ich andere nähren kann, ohne selbst ärmer zu werden.

*

In seinem Inneren *fühlt* der Mensch, wie er geartet ist und wie er sich jeweils »befindet« oder »gestimmt« ist. Im Innern ist also der Sitz des *Gefühlslebens*. Aber das Gefühlsleben ist nicht auf innere Gefühlszuständlichkeiten und Stimmungen beschränkt. Der Geist geht nicht nur erkennend und wollend, sondern auch fühlend aus sich heraus. Sein Aufnehmen des Seienden erfolgt aus seinem *so* gearteten und jeweils so oder so gestimmten Inneren heraus, darum als ein nicht bloß verstandesmäßig erkennendes, sondern als ein *fühlendes Aufnehmen:* so wird das Seiende in seinem Wert und in seiner Bedeutung für das eigene Sein erfaßt, es wird dazu fühlend und wollend Stellung genommen. Das Fühlen steht, bedingt und bedingend, zwischen dem verstandesmäßigen Erkennen und dem Wollen.

So haben wir eine dreifache Entfaltung des geistigen Lebens nach außen im verstandesmäßigen Erkennen, Fühlen und Wollen, die doch *eins* sind *als* Entfaltung des Geistes und durch ihre Wechselbedingtheit. Wir haben andererseits ein dreifaches inneres Leben: ein erkenntnismäßiges Innesein des eigenen Seins in der Urform des Gedächtnisses, die zugleich die Urform des Erkennens ist, ein Sich-fühlen und ein willensmäßiges Jasagen zum eigenen Sein. Das *innere Sein* des Geistes, das *Nach-außen-gehen* und die *Auseinandersetzung zwischen innen und außen* sind die *Grundrichtungen des geistigen Lebens.* Das Gedächtnis in seiner dreifachen Leistung ist selbst eine Drei-Einheit und macht den Aufbau des inneren Seins sowie das Nach-außen-gehen möglich. Das Fühlen als Sich-Fühlen, Wertfühlen und Gefühlsstellungnahme ist wiederum eine Drei-Einheit. Und Ähnliches ließe sich wohl bei näherer Untersuchung für das Erkennen und Wollen zeigen. Die Liebe aber ist die große Drei-Einheit, die alles in sich zusammenfaßt und Inneres und Äußeres eint.

(EES. 418–419)

*

Liebe ist *Leben* in der höchsten Vollendung: Sein, das sich ewig hingibt, ohne eine Verminderung zu erfahren, unendliche Fruchtbarkeit.

(EES. 386)

DER ORT DER FREIHEIT

Das Entscheidungsrecht über sich selbst steht der Seele zu. Es ist das große Geheimnis der persönlichen Freiheit, daß Gott selbst davor Halt macht. Er will die Herrschaft über die geschaffenen Geister nur als ein freies Geschenk ihrer Liebe. Er kennt die Gedanken des Herzens, er durchschaut die tiefsten Gründe und Abgründe der Seele, in die ihr eigener Blick nicht dringt, wenn Gott sie nicht eigens dafür erleuchtet. Aber Er will nicht von ihr Besitz ergreifen, ohne daß sie selbst es will. Doch tut Er alles, um die freie Hingabe ihres Willens an den Seinen als Geschenk ihrer Liebe zu erlangen und sie dadurch zur beseligenden Vereinigung führen zu können.

(Kw. 144)

*

Jeder Mensch ist frei und wird täglich und stündlich vor Entscheidungen gestellt. Das Innerste der Seele aber ist der Ort, wo Gott »ganz allein« wohnt, solange die Seele nicht zur vollkommensten Liebesvereinigung gelangt ist, und die hl. Mutter *Teresia* nennt es die 7. Wohnung, die sich der Seele erst in der mystischen Vermählung erschließt. Kann also nur die Seele, die auf der höchsten Stufe der Vollkommenheit angelangt ist, in vollkommener Freiheit entscheiden? Dabei ist zu bedenken, daß die Eigentätigkeit der Seele augenscheinlich immer mehr abnimmt, je mehr sie sich dem Innersten nähert. Und wenn sie hier angelangt ist, wirkt Gott alles in ihr, sie hat nichts mehr zu tun, sondern nur noch in Empfang zu nehmen. Doch gerade in diesem In-Empfang-Nehmen kommt der Anteil ihrer Freiheit zum Ausdruck. Darüber hinaus greift aber die Freiheit an noch viel entscheidenderer Stelle ein: Gott wirkt nur darum hier alles, weil sich die Seele Ihm völlig übergibt. Und diese Übergabe ist die höchste Tat ihrer Freiheit.

(Kw. 144.–145)

*

Der Mensch ist dazu berufen, in seinem Innersten zu leben und sich selbst so in die Hand zu nehmen, wie es nur von hier aus möglich ist; nur von hier aus ist auch die rechte Auseinandersetzung mit der Welt möglich; nur von hier aus kann er den Platz in der Welt finden, der ihm zugedacht ist. Bei all dem *durchschaut* er sein Innerstes niemals ganz. Es ist ein Geheimnis Gottes, das Er allein entschleiern kann, so weit es Ihm gefällt. Dennoch ist ihm sein Innerstes in die Hand gegeben; er kann in vollkommener Freiheit darüber verfügen, aber er hat auch die Pflicht, es als ein kostbares anvertrautes Gut zu bewahren.

(Kw. 143)

*

Aller Wechselverkehr menschlicher Personen ist auf den leiblichen Ausdruck des Innenlebens aufgebaut. (Ausdruck ist dabei im weitesten Sinn zu nehmen, der die sprachliche wie jede andere willkürliche oder unwillkürliche Äußerung einschließt.) Aber der leibliche Ausdruck ist ein Tor, das ins Innere hineinführt, eine Berührung und ein Einswerden der Geister (in gewissen Grenzen) möglich macht. Im echten Schülerverhältnis nimmt der Schüler vom Lehrer nicht nur das auf, was in den Lehrworten unabhängig von dem persönlichen Leben des Sprechenden ausgedrückt ist. Die Worte selbst, der Tonfall, das Mienenspiel – kurz all das, was wir in dem Namen *Ausdruck* zusammenfassen – lassen den Schüler in jenes persönliche Leben, in eine ihm bislang unbekannte geistige Welt eingehen, er lebt ein fremdes Leben mit, wird davon erfüllt und geformt; es wird, in den Grenzen seiner Aufnahmefähigkeit und -willigkeit, sein eigenes geistiges Sein.

Das kann in sehr verschiedener Weise und mit entsprechend verschiedener Wirkung geschehen. Ein selbständiger, kühner und lernbegieriger Geist wird andern Menschen wie ein Eroberer gegenübertreten. Er wird sich ihrer geistigen Welt zu bemächtigen suchen, um davon aufzunehmen, was ihm gemäß ist, und daran zu wachsen. Er wird sich das fernhalten, was ihm nicht entspricht. Ein schwacher Geist von geringem Betätigungsdrang kann, ohne es zu wollen, von dem stärkeren Leben hingerissen und überwältigt werden. Vielleicht wird er davon getragen, ohne es selbständig aufnehmen und, auf sich gestellt, fortführen zu können. Vielleicht wird er auch davon erdrückt, so daß sein Eigenleben sich nicht entfalten kann. Natürlich ist die Art und das Maß der Aufnahme nicht nur von dem Empfangenden, sondern auch von dem Gebenden abhängig; davon, ob er sich schrankenlos mitteilt oder ob er mit etwas zurückhält: mit seinen Kenntnissen, seiner persönlichen Stellungnahme, seiner Kraft und Eigenart; ob seine Selbstmitteilung Eroberung oder dienende Hingabe ist. Es gibt also auf beiden Seiten ein geistiges Sichöffnen und -verschließen, das Sache der Freiheit ist. Wir sind nicht einfach die wehrlose Beute dessen, was von außen her, durch Ausdruckserscheinungen, auf uns eindringt. Wir sind auch nicht einer hemmungslosen Preisgabe alles dessen, was in uns lebt, ausgeliefert. Mitteilung und Aufnahme von geistigem Besitz und persönlichem Leben sind weitgehend unserer Freiheit anheimgestellt. Und was dadurch zustandekommt, ist geistiges Geschehen: Miteinanderleben geistiger Personen, geistiges Wachstum und geistige Formung der einzelnen, Bildung geistiger Gemeinschaft.

(EES. 381–382)

*

Die Seele muß erst in den Besitz ihres Wesens gelangen, und ihr Leben ist der Weg dazu. Darum ist hier *Gestaltung* möglich und nötig. Damit aber diese Gestaltung *freie* Gestaltung sei, nicht unwillkürliches Geschehen wie die Gestaltung der Tierseele durch ihren naturhaften Entwicklungsgang, muß sie um sich selbst wissen und zu sich selbst Stellung nehmen können. Die Seele muß in einem doppelten Sinn »zu sich selbst kommen«: sich selbst *erkennen* und *werden,* was sie sein soll. An beidem hat ihre Freiheit Anteil.

(EES. 394–395)

*

Wenn sie [die Seele; d. Hg.] nach außen gezogen wird, so geht sie doch nicht aus sich selbst heraus, sie ist nur weiter von ihrem Innersten entfernt und damit zugleich der Außenwelt hingegeben. Was von außen herantritt, hat ein gewisses Recht, sie in Anspruch zu nehmen, und es entspricht seinem *Gewicht,* dem Wert und der Bedeutung, die es in sich und die es für sie hat, eine bestimmte Tiefe der Seele, in der es aufgenommen zu werden verdient. So ist es sachlich angemessen, wenn sie es von daher entgegennimmt. Aber dazu ist nicht erforderlich, daß sie einen tiefer gelegenen Standort preisgibt: weil sie ein Geist ist und ihre *Burg* ein geistiges Reich, gelten hier ganz andere Gesetze als im äußeren Raum; wenn sie im Tiefsten und Innersten dieses ihres inneren Reiches ist, dann beherrscht sie es ganz und hat die Freiheit, sich an jeden beliebigen *Ort* darin zu begeben, ohne *ihren* Ort, den Ort der Ruhe zu verlassen. Die Möglichkeit, sich in sich selbst zu bewegen, beruht auf der *Ichförmigkeit* der Seele. Das Ich ist das in der Seele, wodurch sie sich selbst besitzt und was sich in ihr als in seinem eigenen *Raum* bewegt. Der tiefste Punkt ist zugleich der Ort der Freiheit: der Ort, an dem sie ihr ganzes Sein zusammenfassen und darüber entscheiden kann.

(Kw. 142)

*

Vielleicht hat der früher ausgesprochene Satz: »Die Liebe ist das Freieste, was es gibt«, Staunen und lebhaften Widerspruch hervorgerufen. Natürlicherweise sieht man ja Liebe und Haß als Elementargewalten an, die über die Seele hereinbrechen, ohne daß sie sich ihrer erwehren könnte. Schon von ihren Neigungen und Abneigungen pflegen die Menschen zu sagen, daß sie »nichts dafür könnten«. Und in der Tat: die Seele »antwortet« auf den »Eindruck«, den sie von einem Menschen empfängt – oft sofort bei der ersten Begegnung, sonst bei längerer Bekanntschaft –, unwillkürlich mit Zuneigung oder Abneigung, vielleicht auch mit Gleichgültigkeit; sie fühlt sich angezogen oder abgestoßen; und es kann darin eine durchaus sinnvolle Auseinandersetzung ihres eigenen Seins mit dem fremden liegen; ein Sichhingezogen-fühlen zu dem, der ihr Bereicherung und Förderung verspricht, ein Zurückschrecken vor jemandem, der eine Gefahr für sie bedeutet. Andererseits sind hier schwere Täuschungen möglich: Äußerlichkeiten können das wahre Sein des Menschen verdecken und damit auch die Bedeutung, die ihm für den anderen zukommt. Diese natürlichen Regungen sind also nicht etwas, worüber man einfach hinweggehen dürfte; es ist aber auch nicht »vernünftig«, sich ihnen einfach zu überlassen: sie sind einer Nachprüfung mit Hilfe des Verstandes und einer Beeinflussung durch den Willen zugänglich und bedürftig.

Und gegenüber allem Spiel der Neigungen und Abneigungen richtet sich das Gebot des Herrn auf:

Du sollst Deinen Nächsten lieben wie Dich selbst. Das gilt ohne Bedingungen und Abstriche. Der »Nächste« ist nicht der, den ich »mag«. Es ist ein jeder, der mir nahekommt, ohne Ausnahme. Und wieder heißt es: Du kannst, denn du sollst! Es ist der Herr, der es verlangt, und er verlangt nichts Unmögliches. Vielmehr er *macht* möglich, was natürlicherweise nicht möglich wäre. Heilige, die sich im Vertrauen darauf zu heldenmütiger Feindesliebe entschlossen, haben es erfahren, daß sie die Freiheit hatten, zu lieben. Ein natürlicher Widerwille wird sich vielleicht noch eine Zeitlang behaupten; aber er ist kraftlos und vermag das Verhalten nicht zu beeinflussen, das von der übernatürlichen Liebe geleitet wird.

(EES. 409–410)

*

Kein Mensch ist natürlicherweise in der Lage, *alle* Gründe und Gegengründe zu übersehen, die bei einer Entscheidung mitsprechen. Man kann nur nach bestem Wissen und Gewissen entscheiden, soweit der eigene Gesichtskreis reicht. Der gläubige Mensch aber weiß, daß es Einen gibt, dessen Blick durch keinen Gesichtskreis eingeengt ist, sondern wahrhaft alles umfaßt und durchschaut. Wer in dieser Glaubensgewißheit lebt, dessen Gewissen kann sich darum nicht mehr bei dem eigenen besten Wissen beruhigen. Er muß danach trachten zu erkennen, was in Gottes Augen das Rechte ist. (Darin liegt, daß erst die religiöse Haltung die wahrhaft ethische ist. Es gibt wohl ein natürliches Suchen und Sehnen nach dem Rechten und Guten, auch ein Finden im einzelnen Fall, aber es wird erst im Suchen nach dem göttlichen Willen wahrhaft zu sich selbst kommen.) Wer von Gott selbst hineingezogen worden ist in das eigene Innerste und sich Ihm hingegeben hat in der Liebesvereinigung, für den ist die Frage ein für allemal gelöst; er braucht sich nur noch lenken und leiten zu lassen von Gottes Geist, der ihn spürbar antreibt, und hat dann immer und überall die Gewißheit, das Rechte zu tun. In der großen Entscheidung, die er in höchster Freiheit getroffen hat, sind alle künftigen eingeschlossen und können dann im gegebenen Fall wie selbstverständlich erfolgen. Aber von dem einfachen Suchen nach der rechten Entscheidung im einzelnen Fall bis zu dieser Höhe ist ein weiter Weg – wenn überhaupt ein Weg dahin führt.

Wer nur hier und jetzt das Rechte sucht und so entscheidet, wie er es zu erkennen glaubt, der ist eben damit auf dem Wege zu Gott und auf dem Wege zu sich selbst, auch wenn er es nicht weiß. Aber er hat sich selbst noch nicht so in der Hand, wie man sich erst in der letzten Tiefe in die Hand bekommt; er kann darum über sich selbst nicht voll verfügen und hat auch den *Sachen* gegenüber nicht die vollkommen freie Entscheidung.

Wer *grundsätzlich* das Rechte sucht, d. h. wer gewillt ist, es immer und überall zu tun, der hat über sich selbst entschieden und seinen Willen hineingestellt in den göttlichen Willen, auch wenn ihm noch nicht klar ist, daß das Rechte zusammenfällt mit dem, was Gott will. Aber wenn ihm das nicht klar ist, so fehlt ihm noch der *sichere* Weg, um das Rechte zu finden; und er hat über sich verfügt, als hätte er sich schon in der Hand, obwohl ihm die letzten Tiefen des eigenen Innern noch nicht aufgegangen sind. Die letzte Entscheidung wird erst Auge in Auge mit Gott möglich.

(Kw. 147–148)

*

Um frei zu werden von der Fesselung durch ihre sinnliche Natur, muß die Seele mit aller Kraftanspannung darauf hinarbeiten, aber Gott muß ihr mit Seiner Wirksamkeit zu Hilfe kommen, ja zuvorkommen: Gottes Tun regt das ihre an und vollendet es.

Die *Loslösung* wird als eine *Nacht* bezeichnet, die die Seele durchschreiten muß. Sie ist es in dreifachem Sinn: im Hinblick auf den Ausgangspunkt, den Weg und das Ziel. Ausgangspunkt ist das Verlangen nach den Dingen dieser Welt, dem die Seele entsagen muß. Diese Entsagung versetzt sie aber in Dunkelheit und wie ins Nichts. Darum wird sie *Nacht* genannt. Die Welt, die wir mit den Sinnen wahrnehmen, ist ja natürlicherweise der feste Grund, der uns trägt, das Haus, in dem wir uns heimisch fühlen, das uns nährt und mit allem Nötigen versorgt, Quelle unserer Freuden und Genüsse. Wird sie uns genommen oder werden wir genötigt, uns aus ihr zurückzuziehen, so ist es wahrlich, als wäre uns der Boden unter den Füßen weggezogen und als würde es Nacht rings um uns her; als müßten wir selbst versinken und vergehen. Aber dem ist nicht so. In der Tat werden wir auf einen sicheren Weg gestellt, allerdings auf einen dunklen Weg, einen in Nacht gehüllten: den Weg des *Glaubens.* Es ist ein Weg, denn er führt zum Zie! der Vereinigung. Aber es ist ein *nächtlicher* Weg, denn im Vergleich mit der klaren Einsicht des natürlichen Verstandes ist der Glaube eine *dunkle Erkenntnis:* er macht uns mit etwas bekannt, aber wir bekommen es nicht zu sehen. Darum muß gesagt werden, daß auch das Ziel, zu dem wir auf dem Weg des Glaubens gelangen, Nacht ist: Gott bleibt auf Erden auch in der seligen Vereinigung für uns verhüllt. Unser Geistesauge ist Seinem überhellen Licht nicht angepaßt und schaut wie in nächtliches Dunkel. Wie aber die kosmische Nacht nicht ihrer ganzen Dauer nach gleich dunkel ist, so hat auch die mystische Nacht ihre Zeitabschnitte und entsprechenden Grade. Das Versinken der Sinnenwelt ist wie das Hereinbrechen der Nacht, wobei noch ein *Dämmerlicht* von der Tageshelligkeit zurückbleibt. Der Glaube dagegen ist *mitternächtliches Dunkel,* weil hier nicht nur die Sinnestätigkeit ausgeschaltet ist, sondern auch die natürliche Verstandeserkenntnis. Wenn aber die Seele Gott findet, dann bricht in ihre Nacht gleichsam schon die *Morgendämmerung* des neuen Tages der Ewigkeit herein.

(Kw. 39)

*

Zum Einwohnen Gottes in der Seele und zur Verankerung ihres Seins im göttlichen gibt es noch einen anderen Zugang von der inneren Erfahrung her: vom Erlebnis des *Könnens* und *Sollens* her

96

oder, was damit zusammenhängt, von Verhältnis der Freiheit des Ich zu der ihm zu Gebote stehenden Kraft. Die Kraft, die einem Menschen jeweils als bereits vorhandener Besitz zur Verfügung steht, und selbst das ihm seiner Wesensbestimmtheit nach zugedachte Höchstmaß ist ein *Maß*, d. h. »bemessen«, eine endliche Größe. Jede freie Tat ist eine *Leistung*, die Kraft verbraucht, und so kann schließlich eine natürliche Erschöpfung eintreten, wenn nicht aus den früher behandelten Quellen ausreichende Zuströme kommen. So kann der Fall eintreten, daß das Ich sich einer Forderung, die es vernimmt, nicht mehr gewachsen fühlt. Der Arzt, der nach übermäßiger Tagesarbeit nachts wiederum zu einem Kranken gerufen wird, mag sich außerstande fühlen, noch einmal hinauszugehen. Aber die *Forderung* schweigt davor nicht still. Es steht ein Menschenleben auf dem Spiel.

Es mag sein, daß im einzelnen Fall das Gefühl des Unvermögens eine Selbsttäuschung war, daß die natürlichen Kräfte, wenn man sie nur recht zusammenraffte, noch zu der Leistung fähig waren. Es kann aber auch sein, daß das *Sollen* über die natürliche Kraft hinaus verpflichtet.

Im Gebot der Pflicht offenbart sich die Freiheit des Ich auch noch gegenüber seiner eigenen Natur.

Das kann aber nicht heißen, daß es aus sich selbst heraus zu Kraftleistungen über seine Natur hinaus fähig wäre. Damit würde man ihm eine Schöpferkraft zusprechen, wie sie kein Geschöpf besitzen kann. Wird es über seine natürliche Kraft hinaus verpflichtet, so kann das nur den Sinn haben, daß es sich auf eine Kraftquelle außerhalb seiner Natur stützen könne. Der Glaube gibt die Antwort darauf, wo diese Kraftquelle zu suchen sei. Gott verlangt nichts vom Menschen, ohne ihm zugleich die Kraft dafür zu geben. Der Glaube lehrt es, und die Erfahrung des Lebens aus dem Glauben bestätigt es. Das Innerste der Seele ist ein Gefäß, in das der Geist Gottes (das Gnadenleben) einströmt, wenn sie sich ihm kraft ihrer Freiheit öffnet. Und Gottes Geist ist Sinn und Kraft. Er gibt der Seele neues Leben und befähigt sie zu Leistungen, denen sie ihrer Natur nach nicht gewachsen wäre, und er weist zugleich ihrem Tun die Richtung. Im Grunde ist jede *sinn*volle Forderung, die mit verpflichtender Kraft vor die Seele tritt, ein *Wort Gottes*. Es gibt ja keinen *Sinn,* der nicht im *Logos* seine ewige Heimat hätte. Und wer ein solches Wort Gottes bereitwillig in sich aufnimmt, der empfängt eben damit die göttliche Kraft, ihm zu entsprechen. Jeder Zuwachs an Gnade ist aber auch eine Stärkung des geistigen Seins und erschließt der Seele ein reicheres und feineres Verständnis für das *göttliche Wort,* für den übernatürlichen Sinn, der aus allem Geschehen spricht und der sich auch als »Einsprechung« in ihrem Inneren vernehmlich macht. Darum ist die Seele, die sich kraft ihrer Freiheit auf den Geist Gottes oder auf das Gnadenleben stützt, zu einer vollständigen Erneuerung und Umwandlung fähig.

(EES. 408–409)

IM LICHTE
DES EWIGEN SEINS

Man unterscheidet in der gewöhnlichen Redeweise »Planvolles« – und das gilt zugleich als »sinnvoll« und »verständlich« – und »Zufälliges«, was in sich sinnlos und unverständlich erscheint. Ich habe ein bestimmtes Studium vor und suche mir dafür eine Universität aus, die mir besondere Förderung in meinem Fach verspricht. Das ist ein sinnvoller und verständlicher Zusammenhang. Daß ich in jener Stadt einen Menschen kennen lerne, der »zufällig« auch dort studiert, und eines Tages »zufällig« mit ihm auf weltanschauliche Fragen zu sprechen komme, erscheint mir zunächst nicht durchaus als verständlicher Zusammenhang. Aber wenn ich nach Jahren mein Leben überdenke, dann wird mir klar, daß jenes Gespräch von entscheidendem Einfluß auf mich war, vielleicht »wesentlicher« als mein ganzes Studium, und es kommt mir der Gedanke, daß ich vielleicht »eigens darum« in jene Stadt »gehen mußte«. Was nicht in *meinem* Plan lag, das hat in *Gottes* Plan gelegen. Und je öfter mir so etwas begegnet, desto lebendiger wird in mir die Glaubensüberzeugung, daß es – von Gott her gesehen – keinen *Zufall* gibt, daß mein ganzes Leben bis in alle Einzelheiten im Plan der göttlichen Vorsehung vorgezeichnet und vor Gottes allsehendem

Auge ein vollendeter Sinnzusammenhang ist. Dann beginne ich mich auf das Licht der Glorie zu freuen, in dem auch mir dieser Sinnzusammenhang entschleiert werden soll. Das gilt aber nicht nur für das einzelne Menschenleben, sondern auch für das Leben der ganzen Menschheit und darüber hinaus für die Gesamtheit alles Seienden. Ihr »Zusammenhang« im Logos ist der eines Sinn-Ganzen, eines vollendeten Kunstwerkes, in dem jeder einzelne Zug sich an *seiner* Stelle nach reinster und strengster Gesetzmäßigkeit in den Einklang des gesamten Gebildes fügt. Was wir vom »Sinn der Dinge« erfassen, was »in unseren Verstand eingeht«, das verhält sich zu jenem Sinnganzen wie einzelne verlorene Töne, die mir der Wind von einer in weiter Ferne erklingenden Symphonie zuträgt. In der Sprache der Theologen heißt der Sinnzusammenhang alles Seienden im Logos der *göttliche Schöpfungsplan (ars divina).* Das Weltgeschehen von Anbeginn ist seine Verwirklichung. *Hinter* diesem »Plan« aber, *hinter* dem »künstlerischen Entwurf« der Schöpfung, steht (ohne davon seinsmäßig getrennt zu sein) die ewige Fülle des göttlichen Seins und Lebens.

(EES. 109–110)

*

Ist das Ich Quelle des Lebens? Da das Leben das *Sein* des Ich ist, würde das zugleich heißen, daß es sein Sein *aus sich selbst* hätte. Das stimmt aber offenbar nicht zu den merkwürdigen Eigentümlichkeiten dieses Seins: zu der Rätselhaftigkeit seines Woher und Wohin, den unausfüllbaren Lükken in der ihm zugehörigen Vergangenheit, der Unmöglichkeit, das, was zu diesem Sein gehört (die Gehalte), aus eigener Macht ins Sein zu rufen und darin zu erhalten, vor allem aber damit, wie das Ich selbst *ist* und wie es sein eigenes Sein erlebt. Es findet sich als lebendiges, als gegenwärtig seiendes und zugleich als aus einer Vergangenheit kommendes und in eine Zukunft hineinlebendes vor – *es selbst und sein Sein sind unentrinnbar da, es ist ein »ins Dasein geworfenes«* [M. Heidegger; d. Hg.]. Das ist aber der äußerste Gegensatz zur Selbstherrlichkeit und Selbstverständlichkeit eines *Seins aus sich selbst.* Und sein Sein ist ein von Augenblick zu Augenblick auflebendes. Es kann nicht »halten«, weil es »unaufhaltsam« entflieht. So gelangt es niemals wahrhaft in seinen Besitz. Darum sind wir genötigt, das Sein des Ich, diese beständig wechselnde lebendige Gegenwart, als ein *empfangenes* zu bezeichnen. Es ist *ins Dasein gesetzt* und wird von Augenblick zu Augenblick darin erhalten. Eben damit ist die Möglichkeit eines Anfangs und Endes und auch einer Unterbrechung seines Seins gegeben.

(EES. 52)

*

Es wird damit [»... ins Dasein geworfen«; d. Hg.] vorzüglich zum Ausdruck gebracht, daß der Mensch sich im Dasein vorfindet, ohne zu wissen, wie er hineingekommen ist, daß er nicht aus und durch sich selbst ist und auch aus seinem eigenen Sein keinen Aufschluß über sein Woher zu erwarten hat. Damit wird aber die Frage nach dem

Woher nicht aus der Welt geschafft. Man mag noch so gewaltsam versuchen, sie totzuschweigen oder als sinnlos zu verbieten, – aus der Eigentümlichkeit des menschlichen Seins erhebt sie sich unabweisbar immer wieder und verlangt nach einem, der das »Geworfene« wirft. Damit enthüllt sich die Geworfenheit als Geschöpflichkeit.

(EES. 52)

＊

Was ein Mensch *tut,* das ist die Verwirklichung dessen, was er *kann;* und was er kann, ist Ausdruck dessen, was er *ist;* indem sich seine Fähigkeiten in seinem Tun verwirklichen, kommt sein *Wesen* zur höchsten *Seinsentfaltung.* Was uns hier getrennt entgegentritt, ist in Gott eins. Wie all sein Können in der Tat verwirklicht ist, so ist sein ganzes Wesen ewig – unwandelbar in höchster Seinsentfaltung, ja sein *Sein ist* sein *Wesen:* Gott ist *Der ist*; das ist der Name, mit dem er selbst sich genannt hat, und in diesem Namen ist – nach *Augustinus* – am besten ausgesprochen, was Er ist. Der vollkommenen Einheit des göttlichen Seins steht die Gebrochenheit und Gespaltenheit des geschöpflichen Seins gegenüber. Aber trotz des Abgrundes zwischen beiden ist doch eine Gemeinschaft, die es erlaubt, hier und dort von *Sein* zu sprechen. Alles, was ist, ist, sofern es ist, etwas nach der Art des göttlichen Seins. Aber allem Sein, abgesehen vom göttlichen Sein, ist etwas von Nichtsein beigemischt. Und das hat seine Folgen in allem, *was* es ist.

(EES. 40–41)

＊

Mein Sein ist ständige Bewegung, ein flüchtiges, im strengsten Sinn *vergängliches* Sein und der äußerste Gegensatz zum *ewigen, wandellos-gegenwärtigen.* Man versteht, daß dieser Gegensatz die alten griechischen Denker ganz erfüllte und daß sie es nicht über sich vermochten, das Entgegengesetzte mit demselben Namen zu bezeichnen, daß *Heraklit* den beständigen Fluß als das *wahre Sein* oder vielmehr nur ein *Werden* als wirklich anerkannte, während *Parmenides* nur das Ewig-Wandellose als wahres Sein gelten ließ und die Welt des Werdens als Welt des Scheins betrachtete.

Werden und *Sein* – bricht nicht auch für uns mit der Anerkennung dieses Gegensatzes die Einheit des Seienden auseinander? Und doch dürfen wir uns durch den klaffenden Abgrund den Blick für die umfassende Gemeinschaft nicht trüben lassen, die wir unter dem Namen *analogia entis* (Übereinstimmung des Seins in allem Seienden – aber eine Übereinstimmung, der größere Nicht-Übereinstimmung entspricht) erkannt haben. Das Werden ist vom Sein nicht zu lösen, d. h. von dem eigentlichen, *wahren Sein,* dem Sein im vollen Sinn des Wortes. Es kann nicht selbst das eigentliche und wahre Sein sein, weil es seinem Sinne nach ein *Übergang zum Sein* ist. Als solches ist es aber durch nichts anderes als durch das Sein zu bestimmen. Wollte man die Möglichkeit eines vom Werden verschiedenen Seins leugnen, dann müßte man auch die Möglichkeit des Werdens leugnen und würde beim Nichts landen. So weist das stete Werden und Vergehen, wie wir es in uns erfahren, selbst beständig über sich selbst hinaus. Es strebt zum Sein hin (das ist natürlich nur eine bildhafte Beschreibung), rührt aber nur von Augenblick zu Augenblick daran. So enthüllt uns unser *Sein*, das ein stetes Werden und Vergehen und immer nur auf dem Wege zum wahren Sein ist, die *Idee des wahren Seins*, des vollendeten, ewig wandellosen – des *reinen Aktes*.

(EES. 44)

*

Vergangenes und künftiges Sein ist nicht schlechthin Nichtsein. Das besagt nicht nur, daß Vergangenes und Künftiges ein erkenntnismäßiges Sein in Erinnerung und Erwartung hat, ein *esse in intellectu (sive in memoria)* [sein im Intellekt oder im Gedächtnis]. Das gegenwärtig-wirkliche Sein des Augenblicks selbst ist nicht *denkbar* als für sich allein bestehend – wie der Punkt nicht außerhalb der Linie und der Augenblick selbst nicht ohne eine zeitliche Dauer –, und wenn wir es bewußtseinsmäßig fassen, *gibt* es sich als etwas, was, aus Dunkelheit aufsteigend, einen Lichtstrahl durchläuft, um wieder in Dunkelheit zu versinken; oder als Gipfelpunkt einer Welle, die selbst einem Strom angehört – alles anscheinend Bilder für ein Sein, das dauernd, aber nicht während der ganzen Dauer aktuell ist. Doch wie ist das zu verstehen? In dem, was ich jetzt bin, steckt etwas, was ich jetzt nicht aktuell bin, aber künftig einmal aktuell sein werde. Und das, was ich jetzt aktuell bin, war ich schon früher, aber nicht aktuell. Mein gegenwärtiges Sein enthält die *Möglichkeit* zu künftigem aktuellem Sein und setzt eine Möglichkeit in meinem früheren Sein voraus. Mein gegenwärtiges Sein ist aktuelles und potentielles Sein, wirkliches und mögliches zugleich; und soweit es wirklich ist, ist es Verwirklichung einer Möglichkeit, die früher schon bestand. Aktualität und Potentialität als Seinsweisen sind in der schlichten Seinstatsache enthalten und daraus zu entnehmen.

(EES. 37–38)

*

Streng genommen ist »voll-lebendig« nur das, was im Jetzt sich vollzieht; aber das Jetzt ist ja ein unteilbarer Augenblick, und was ihn erfüllt, »sinkt« unmittelbar danach »in die Vergangenheit zurück«, und jedes neue Jetzt ist von neuem Leben erfüllt. Nun kommt aber eine große Schwierigkeit. Wenn zeitliches Sein immer sofort in Nicht-Sein übergeht, wenn in der Vergangenheit nichts »stehen und bleiben« kann, was hat dann die Rede von Dauereinheiten für einen Sinn? Wie kann eine Einheit erwachsen, die über den Augenblick hinausreicht? Das Ich-Leben erscheint uns als ein stetiges Aus-der-Vergangenheit-in-die-Zukunft-Hineinleben, wobei beständig Potentielles aktuell wird und Aktuelles in Potentialität zurücksinkt – deutsch ausgedrückt: noch nicht Voll-Lebendiges die Höhe der Lebendigkeit erreicht und volles Leben zu »gelebtem Leben« wird. Das Voll-Lebendige ist das »Gegenwärtige«, das »Gelebte« ist »vergangen«, das noch nicht Lebendige »zukünftig«. Können wir nun von einer Dauereinheit sprechen, die sich – als ein *Seiendes* – aus der Vergangenheit durch den gegenwärtigen Augenblick hindurch in die Zukunft hinein erstreckt und so eine »Zeitstrecke« erfüllt?

Es *gibt* doch so etwas wie Freude, Furcht u. dgl., und zwar als Einheiten, die in einer Bewegung aufgebaut werden müssen und dazu Zeit brauchen. Diese Bewegung ist mein Leben oder lebendiges Sein. Was sich darin »aufbaut«, das umspanne ich jeweils von dem gegenwärtigen Augenblick her, in dem ich lebendig bin; nichts davon »steht« in der Vergangenheit. Alles, was von dem, was ich war, jetzt noch ist, das ist in mir und mit mir im gegenwärtigen Augenblick. Wo stehen aber jene Einheiten, wenn nicht in der Zeit?

(EES. 43–44)

*

Es mag sein, daß mein flüchtiges Sein einen »Halt« hat an etwas Endlichem. Aber als Endliches könnte das nicht der letzte Halt und Grund sein. Alles Zeitliche ist als *solches* flüchtig und bedarf des ewigen Haltes. Bin ich mit meinem Sein an anderes Endliches gebunden, so werde ich *mit* ihm im Sein erhalten. Die Seinssicherheit, die ich in meinem flüchtigen Sein spüre, weist auf eine *unmittelbare* Verankerung in dem letzten Halt und Grund meines Seins (unbeschadet möglicher mittelbarer Stützen) hin. Das ist freilich ein sehr dunkles Erspüren, kaum *Erkenntnis* zu nennen. *Augustinus,* der den Weg zu Gott vor allem vom inneren Sein her gesucht und das Hinausweisen unseres Seins über sich selbst zum wahren Sein in immer neuen Wendungen betont hat, bringt doch zu-

gleich stets unser Unvermögen, den Unfaßlichen zu fassen, zum Ausdruck. »Wer ... meint, es könne dem Menschen, der noch dieses sterbliche Leben führt, begegnen, daß er ... die strahlende Heiterkeit des Lichtes der Unwandelbaren Wahrheit erreichte und mit einem Geist, der Gewöhnung dieses Lebens völlig entfremdet, ihr beständig und unbeugsam anhangen – der hat nicht verstanden, was er sucht, noch wer (er ist, der) sucht ...«
»... wenn du hinzuzutreten beginnst als Ähnlicher und anhebst, Gott durchzuspüren – im Maße, wie in dir die Liebe wächst, weil auch die Liebe Gott ist –, spürst du etwas, was du sagtest und nicht sagtest ... Ehe du nämlich spürtest, meintest du Gott zu sagen: du beginnst zu spüren, und hier spürst du, wie nicht gesagt werden kann, was du spürst ...« Dies dunkle Spüren gibt uns den Unfaßlichen als den unentrinnbar Nahen, in dem wir »leben, uns bewegen und sind«, aber als den Unfaßlichen. Das schlußfolgernde Denken prägt scharfe Begriffe, aber auch die vermögen den Unfaßlichen nicht zu fassen, ja sie rücken ihn in die Ferne, die allem Begrifflichen eigen ist. Mehr als der Weg des philosophischen Erkennens gibt uns der Weg des Glaubens: den Gott der persönlichen Nähe, den Liebenden und Erbarmenden, und eine Gewißheit, wie sie keiner natürlichen Erkenntnis eigen ist.

(EES. 58)

*

Die Idee des ewigen Seins wird für das Ich, das sie einmal erfaßt hat, zum *Maß* seines eigenen Seins. Wie kommt es aber dazu, darin auch die *Quelle* oder den *Urheber* seines eigenen Seins zu sehen? Die Nichtigkeit und Flüchtigkeit seines eigenen Seins wird dem Ich klar, wenn es sich *denkend* seines eigenen Seins bemächtigt und ihm auf den Grund zu kommen sucht. Es rührt auch daran vor aller rückgewandten Betrachtung und Zergliederung seines Lebens durch die *Angst,* die den unerlösten Menschen in mancherlei Verkleidungen – als Furcht vor diesem und jenem –, im letzten Grunde aber als Angst vor dem eigenen Nichtsein durchs Leben begleitet, ihn »vor das Nichts bringt«.

Die Angst ist freilich durchschnittlich nicht das beherrschende Lebensgefühl. Sie *wird* es in Fällen, die wir als krankhaft bezeichnen, aber normalerweise wandeln wir in einer großen Sicherheit, als sei unser Sein ein fester Besitz. Das kann darauf beruhen, daß wir bei jener Oberflächensicht stehen bleiben, die uns in einer »stehenden« Zeit ein »bleibendes und dauerndes« Sein vortäuscht und uns durch das »Sorgen« für unser Leben den Anblick seiner Nichtigkeit verdeckt. Aber allgemein und schlechthin ist die Seinssicherheit nicht als bloßes Ergebnis solcher Täuschung und Selbsttäuschung anzusprechen. Die rückgewandte, denkende Zergliederung unseres Seins zeigt, wie wenig Grund zu solcher Sicherheit *in ihm selbst* gegeben ist, wie sehr es in der Tat dem Nichts ausgesetzt ist. Ist damit jene Seinssicherheit als sachlich unbegründet, also »unvernünftig« erwiesen und als vernünftige Lebenshaltung eine »leidenschaftliche ... ihrer selbst gewisse und sich ängstende *Freiheit zum Tode«*? Keineswegs. Denn der unleugbaren Tatsache, daß mein Sein ein flüchtiges, von Augenblick zu Augenblick gefristetes und der Möglichkeit des Nichtseins ausgesetztes ist, entspricht die andere ebenso unleugbare Tatsache, daß ich trotz dieser Flüchtigkeit *bin* und von Augenblick zu Augenblick *im Sein erhalten* werde und in meinem flüchtigen Sein ein dauerndes umfasse. Ich weiß mich gehalten und habe darin Ruhe und Sicherheit – nicht die selbstgewisse Sicherheit des Mannes, der in eigener Kraft auf festem Boden steht, aber die süße und selige Sicherheit des Kindes, das von einem starken Arm getragen wird – eine, sachlich betrachtet, nicht weniger vernünftige Sicherheit. Oder wäre das Kind »vernünftig«, das beständig in der Angst lebte, die Mutter könnte es fallen lassen?

Ich stoße also in meinem Sein auf ein anderes, das nicht meines ist, sondern Halt und Grund meines in sich haltlosen und grundlosen Seins.

(EES. 55–57)

*

Auf zwei Wegen kann ich dahin gelangen, in diesem Grund meines Seins, auf den ich in mir selbst stoße, das *ewige Sein* zu erkennen. Das eine ist der *Weg des Glaubens:* wenn Gott sich offenbart als *der Seiende,* als *Schöpfer* und *Erhalter,* und wenn der Erlöser sagt: »Wer an den Sohn glaubt, der hat das ewige Leben« [Joh 3,36], so sind das lauter klare Antworten auf die Rätselfrage meines eigenen Seins. Und wenn Er mir durch den Mund des Propheten sagt, daß Er treuer als Vater und Mutter zu mir stehe, ja daß Er die Liebe selbst sei, dann sehe ich ein, wie »vernünftig« mein Vertrauen auf den Arm ist, der mich hält, und wie töricht alle Angst vor dem Sturz ins Nichts – wenn ich mich nicht selbst aus dem bergenden Arm losreiße.

Der Weg des Glaubens ist nicht der Weg der philosophischen Erkenntnis. Er ist die Antwort aus einer andern Welt auf die Frage, die sie stellt. Sie [die philosophische Erkenntnis; d. Hg.] hat auch einen eigenen Weg. Es ist der Weg des schlußfolgernden Denkens, den die *Gottesbeweise* gehen. Grund und Urheber meines Seins, wie alles endlichen Seins, kann letztlich nur ein Sein sein, das nicht – wie alles menschliche Sein – ein empfangenes ist: es muß *aus sich selbst* sein; ein Sein, das nicht – wie alles, was einen Anfang hat – auch nicht sein kann, sondern notwendig ist.

(EES. 57)

*

Ich möchte nun versuchen, die letzte aller Seinsfragen noch von einem ganz anderen Punkt her in Angriff zu nehmen: von dem Namen her, mit dem Gott sich selbst genannt hat: »Ich bin der Ich bin« [2 Mos 3,14]. Es scheint mir höchst bedeutsam, daß an dieser Stelle nicht steht: »Ich bin *das Sein*« oder »Ich bin *der Seiende*«, sondern »Ich bin der *Ich bin*«. Man wagt es kaum, diese Worte durch andere zu deuten. Wenn aber die *augustinische* Deu-

110

tung zutrifft, so darf man wohl daraus folgern: Der, dessen Name ist »Ich bin«, ist *das Sein in Person*. Daß das sogenannte *erste Seiende* Person sein muß, ist schon aus vielem, was früher gesagt wurde, zu entnehmen: Nur eine Person kann *erschaffen,* d.h. kraft ihres Willens ins Dasein rufen. Und anders denn als *freie Tat* ist das Wirken der *ersten Ursache* nicht zu denken, weil alles Wirken, das nicht freie Tat ist, verursacht, also nicht das erste Wirken ist. Auf eine Person als Urheber weist auch die *vernünftige Ordnung* und *Zweckmäßigkeit* der Welt zurück: nur durch ein vernünftiges Wesen kann eine Vernunftordnung ins Werk gesetzt werden; nur ein erkennendes und wollendes Wesen kann Zwecke setzen und Mittel darauf hinordnen. Vernunft und Freiheit aber sind die Wesensmerkmale der Person.

Der Name, mit dem jede Person sich selbst als solche bezeichnet, ist »Ich«. »Ich« kann sich nur ein Seiendes nennen, das in seinem Sein seines eigenen Seins inne ist und zugleich seines Unterschiedenseins von jedem anderen Seienden. Jedes Ich ist ein Einmaliges, es hat etwas, was es mit keinem anderem Seienden teilt, d.h. etwas *Unmitteilbares.* Im Namen »Ich« liegt das jedenfalls nicht. Das Unmitteilbare, das zu jedem Ich als solchem gehört, ist eine *Eigentümlichkeit des Seins:* jedem entquillt sein Sein, das wir *Leben* nennen, von Augenblick zu Augenblick und wird zu einem *in sich geschlossenen* Seienden, und jedes ist in seiner Weise *für sich selbst da* wie für kein anderes Seiendes, und wie kein anderes für es da ist.

Jeder Mensch ist »ein Ich«. Jeder fängt einmal an, sich »Ich« zu nennen. Darin liegt, daß auch sein »Ichsein« einen Anfang hat.

(EES. 317–318)

*

Es gibt bei Gott nicht – wie beim Menschen – einen Gegensatz von Ichleben und Sein. Sein »Ich bin« ist ewig-lebendige Gegenwart, ohne Anfang und Ende, ohne Lücken und ohne Dunkelheit. Dieses Ichleben hat alle Fülle in sich und aus sich selbst: es empfängt nichts anderswoher – es ist ja das, woraus alles andere alles empfängt, das alles andere Bedingende, selbst Unbedingte. Es gibt darin keine wechselnden Gehalte, kein Auftauchen und Versinken, keinen Übergang von Möglichkeit zu Wirklichkeit oder von niederer zu höherer Wirklichkeit: die ganze Fülle ist ewig-gegenwärtig, d. h. alles Seiende. Das »Ich bin« heißt: Ich lebe, Ich weiß, Ich will, Ich liebe – all das nicht als ein Nacheinander oder Nebeneinander zeitlicher *Akte,* sondern von Ewigkeit her völlig eins in der Einheit des *einen* göttlichen *Aktes,* in dem alle verschiedenen Bedeutungen von *Akt* – wirkliches sein, lebendige Gegenwart, vollendetes Sein, geistige Regung, freie Tat – völlig zusammenfallen. Das göttliche Ich ist kein leeres, sondern das in sich selbst alle Fülle bergende, umschließende und beherrschende. Seine vollkommene Einheit kommt noch besser zum Ausdruck in einer Sprache, die für das »Ich bin« ein einziges Wort hat, etwa in dem lateinischen *sum.* Beim Ich, bei dem das Sein Leben ist, können wir es am ehesten fas-

sen, daß *Ich* und *Leben* oder *Sein* nicht zweierlei
ist, sondern untrennbar eins: die *Fülle des Seins
persönlich geformt.*

(EES. 319)

*

Das Suchen nach dem Sinn des Seins hat uns
auf das Sein geführt, das Urheber und Urbild allen
endlichen Seins ist. Es hat sich uns selbst als das
Sein in Person, ja als dreipersönliches Sein enthüllt. Wenn der Schöpfer das Urbild der Schöpfung ist, muß sich dann nicht in der Schöpfung ein
wenn auch noch so fernes Abbild der Drei-Einheit
des ursprünglichen Seins finden? Und sollte von
daher nicht ein tieferes Verständnis des endlichen
Seins zu gewinnen sein?

(EES. 328)

Mein Leben beginnt jeden Morgen neu und endet jeden Abend; Pläne und Absichten darüber hinaus habe ich keine; d.h., es kann natürlich zum Tagewerk gehören, vorauszudenken, aber eine ›Sorge‹ für den kommenden Tag darf es nie sein.

(B. I. 55)

*

Man kann nicht von einem Häschen erwarten, daß es sich wie ein Löwe benehmen wird.

(B. II. 96)

*

Ich tu, soviel ich kann. Das Können steigert sich offenbar mit der Menge der notwendigen Dinge. Wenn nichts Brennendes vorliegt, hört es viel früher auf. Der Himmel versteht sich sicher auf die Ökonomie.

(B. I. 71)

*

Ich bin in dem Alter, wo das, was man hat, Früchte tragen muß und nur nebenher, so gut es eben noch geht, nachgeholt werden muß, was fehlt.

(B. I. 112)

*

Der Himmel nimmt einem nichts, ohne es uner-
meßlich zu vergelten.

(B. I. 53).

*

Über die Frage, wie ich mich an die Einsamkeit
gewöhnt hätte, mußte ich ein wenig lächeln. Ich
bin die meiste Zeit meines Lebens viel einsamer gewesen als hier (im Karmel). Ich vermisse nichts,
was draußen ist, und habe alles, was ich draußen
vermißte, so daß ich nur immer für die ganz unver-
diente übergroße Gnade der Berufung danken
muß.

(B. II. 30)

*

In der Zeit unmittelbar vor und noch eine ganze
Weile nach meiner Konversion habe ich nämlich
gemeint, ein religiöses Leben führen heiße alles Irdische aufgeben und nur im Gedanken an göttliche Dinge leben. Allmählich habe ich aber einse-
hen gelernt, daß in dieser Welt anderes von uns
verlangt wird und daß selbst im beschaulichsten
Leben die Verbindung mit der Welt nicht durch-
schnitten werden darf; ich glaube sogar: je tiefer
jemand in Gott hineingezogen wird, desto mehr
muß er auch in diesem Sinn ›aus sich herausge-
hen‹, d. h. in die Welt hinein, um das göttliche Leben in sie hineinzutragen.

(B. I. 54)

*

Es gibt Dinge, in denen man sich besser ohne
Worte versteht.

(B. I. 53)

*

Es ist im Grunde immer eine kleine Wahrheit,
die ich zu sagen habe: wie man es anfangen kann,
an der Hand des Herrn zu leben.

(B. I. 87)

*

Das müssen wir auch lernen, liebe Schwester,
andere ihr Kreuz tragen zu sehen und es ihnen
nicht abnehmen zu können. Es ist schwerer als das
eigene zu tragen, aber wir kommen auch daran
nicht vorbei.

(B. I. 53)

*

Ich bin nur ein Werkzeug des Herrn. Wer zu mir
kommt, den möchte ich zu Ihm führen. Und wo ich
merke, daß es nicht darum geht, sondern daß das
Interesse meiner Person gilt, da kann ich als Werkzeug nicht dienen und muß den Herrn bitten, daß
Er auf andern Wegen helfen möchte, Er ist ja niemals auf den einen nur angewiesen.

(B. I. 77)

*

Was Gott von Dir will, das mußt Du schon Auge
in Auge mit ihm zu erfahren suchen.

(B. I. 100)

*

Gott in freier Liebeshingabe anzugehören und zu dienen, das ist nicht nur der Beruf einiger Auserwählter, sondern jedes Christen: ob geweiht oder ungeweiht, ob Mann oder Frau – zur Nachfolge Christi ist ein jeder berufen.

(F. 43)

*

Nur Gott kann eines Menschen Hingabe ganz empfangen und so empfangen, daß der Mensch seine Seele nicht verliert, sondern gewinnt. Und nur Gott kann sich selbst einem Menschen so schenken, daß er dessen ganzes Wesen ausfüllt und dabei von sich nichts verliert.

(F. 11)

*

Es muß ja so sein, daß man sich ohne jede menschliche Sicherung ganz in Gottes Hände legt, um so tiefer und schöner ist dann die Geborgenheit.

(B. II. 102)

*

Unsere Zeit, in der alle festen Formen des irdischen Lebens in Schwanken und Umbildung sind, ist auch eine Zeit des Ringens um die ewigen Fragen. Gewiß gibt es auch heute noch Stumpfe und Gleichgültige, die an diesen Fragen vorübergehen.

(F. 101)

*

Ich glaube, wenn Du etwas mehr davon wüßtest, wie viele Tausende jetzt zur Verzweiflung getrieben werden, dann würdest Du Dich danach sehnen, ihnen von ihrem Übermaß an Not und Leid etwas abzunehmen.

(B. I. 137)

*

Meinungen und Urteile der einzelnen Menschen sind weitgehend bestimmt durch das, was *man* denkt und *man* sagt. Diese Meinungen und Urteile aber sind von stärkstem praktischem Einfluß. Weil *man* bis vor wenigen Jahrzehnten der Ansicht war, *die Frau gehöre ins Haus* und sei zu nichts anderem zu gebrauchen, hat es langwierige und schwere Kämpfe gekostet, bis der zu eng gewordene Wirkungskreis erweitert werden konnte. Wer dies *man* ist, ist sehr schwer zu fassen.

(F. 102)

*

Es hat mir immer sehr fern gelegen zu denken, daß Gottes Barmherzigkeit sich an die Grenzen der sichtbaren Kirche binde. Gott ist die Wahrheit. Wer die Wahrheit sucht, der sucht Gott, ob es ihm klar ist oder nicht.

(B. II. 102)

*

Es ist eine falsche Auffassung, die animmt, daß in der Kirche alles für alle Zeiten unabänderlich festgelegt sei; es wird naiv übersehen, daß die Kirche eine Geschichte hat, daß sie, ihrer menschlichen Seite nach, wie alles Menschliche von vornherein auf Entwicklung angelegt war, und daß diese Entwicklung sich häufig auch in der Form von Kämpfen abspielt. Die meisten dogmatischen Definitionen sind abschließende Ergebnisse vorausgehender, oft jahrzehnte- und jahrhundertelanger Geisteskämpfe. Ähnliches gilt für die kirchenrechtlichen Bestimmungen, die liturgischen Formen, überhaupt alle objektiven Gebilde, in denen sich das geistige Leben niederschlägt.

(F. 116)

*

Kein geistiges Werk kommt ja ohne schwere Wehen zur Welt. Es will auch immer den ganzen Menschen in Anspruch nehmen, und dem können wir ja unmöglich nachgeben.

(B. II. 157)

*

Ich habe mich längst damit abgefunden, daß ich immer sehr unwissend bleiben werde und daß auch alles, was ich noch arbeiten kann, weit mehr Bruchstück sein wird, als alles Menschenwerk an sich schon sein muß. Ich hoffe nur, daß ich einen Anstoß geben kann in einer Richtung, in der man doch gehen muß, und daß es andere dann besser machen werden.

(B. I. 135)

Quellenverzeichnis

Kw.:   Kreuzeswissenschaft. Studie über Joannes a Cruce. Edith Steins Werke, Bd. I, hrsg. von L. Gelber und R. Leuven. Herder. Freiburg, ²1954.

EES.:   Endliches und ewiges Sein. Versuch eines Aufstiegs zum Sinn des Seins. Edith Steins Werke, Bd. II, hrsg. von L. Gelber und R. Leuven. Herder. Freiburg, ³1986.

F.:   Die Frau. Ihre Aufgabe nach Natur und Gnade. Edith Steins Werke, Bd. V, hrsg. von L. Gelber und R. Leuven. Herder. Freiburg, 1959.

B. I.:   Selbstbildnis in Briefen. Erster Teil, 1916–1934. Edith Steins Werke, Bd. VIII, hrsg. von L. Gelber und R. Leuven. Herder. Freiburg, 1976.

B. II.: Selbstbildnis in Briefen. Zweiter Teil, 1934–1942. Edith Steins Werke, Bd. IX, hrsg. von L. Gelber und R. Leuven. Herder. Freiburg, 1977.

Lebensdaten Edith Steins

12. Oktober 1891	geboren in Breslau.
1911	Abitur an der Victoriaschule Breslau.
1911–1913	Studium der Germanistik und Geschichte an der Universität Breslau.
1913–1915	Studium der Philosophie, Psychologie, Geschichte und Germanistik an der Universität Göttingen, Schülerin Edmund Husserls.
Januar 1915	Staatsexamen / pro facultate docendi in philosophischer Propädeutik, Geschichte und Deutsch.
1915	Freiwilliger Rot-Kreuz-Dienst im Seuchenlazarett in Mährisch-Weißkirchen.
1915	Kurze Lehrtätigkeit im Breslauer Schuldienst.
1916–1918	Assistentin ihres Lehrers Husserl in Freiburg.
1917	Promotion zum Dr. phil. an der Universität Freiburg.
1918–1922	Freie wissenschaftliche Arbeit. Vergebliche Versuche zur Habilitation an einer deutschen Universität.
1. Januar 1922	Taufe in der St.-Martins-Kirche, Bergzabern/Pfalz.
1923–1931	Lehrerin in St. Magdalena, Speyer.
1932–1933	Dozentin am Deutschen Institut für wissenschaftliche Pädagogik, Münster.
1928–1932	Rednerin auf pädagogischen Studientagen und Kongressen im In- und Ausland (Prag, Wien, Salzburg, Basel, Zürich, Essen, Ludwigshafen, Paris, Münster, Bendorf).
1933	Verbot ihrer Dozententätigkeit durch die NSDAP.

14. Oktober 1933	Eintritt in den Kölner Karmel als Novizin.
15. April 1934	Einkleidung, bei der sie den Namen Teresia Benedicta a cruce wählte.
21. April 1935	Profeß (Die zeitlichen Gelübde für drei Jahre).
21. April 1938	Ewige Profeß. Seit Eintritt wissenschaftliche Arbeiten.
1. Mai 1938	Überreichung des schwarzen Schleiers durch Weihbischof Dr. Stockums.
31. Dezember 1938	Abschied vom Kölner Karmel und Übersiedlung in den Karmel Echt/Holland.
2. August 1942	Verhaftung durch die Gestapo und Internierung im Sammellager Westerbork, Holland.
7. August 1942	Verschleppung nach Auschwitz.
9. August 1942	Tod in Auschwitz.

Bibliographie

Werke Edith Steins

Das ›Archivum Carmelitanum Edith Stein‹ in Brüssel hat unter Leitung von P. Romaeus Leuven und Frau Dr. L. Gelber bisher 10 Bände aus dem Nachlaß von Edith Stein und aus noch zu Lebzeiten gedruckten Werken veröffentlicht.

Band I: »Kreuzeswissenschaft. Studie über Joannes a Cruce«. Nauwelaerts Louvain/Herder, Freiburg 1950 (2. 1954).

Band II: »Endliches und Ewiges Sein: Versuch eines Aufstiegs zum Sinn des Seins«. Nauwelaerts Louvain/Herder, Freiburg 1950 (3. 1986).

Band III: »Des heiligen Thomas von Aquino Untersuchungen über die Wahrheit«. Teil I: Quaestio 1–13. Nauwelaerts Louvain/Herder, Freiburg 1952.

Band IV: »Des heiligen Thomas von Aquino Untersuchungen über die Wahrheit«. Teil II: Quaestio 14–29. Nauwelaerts Louvain/Herder, Freiburg 1959.

Band V: »Die Frau: Ihre Aufgabe nach Natur und Gnade«. Nauwelaerts Louvain/Herder, Freiburg 1959.

Band VI: »Welt und Person. Beitrag zum christlichen Wahrheitsstreben«. Nauwelaerts Louvain/Herder, Freiburg 1962.

Band VII: »Aus dem Leben einer jüdischen Familie. Das Leben Edith Steins: Kindheit und Jugend«. 1965. Vollständige Ausgabe bei de Mass & Waler Druten/Herder, Freiburg 1985.

Band VIII: »Selbstbildnis in Briefen. 1. Teil: 1916–1934«. De Mass & Waler Druten/Herder, Freiburg 1976.

Band IX: »Selbstbildnis in Briefen. 2. Teil: 1934–1942«. De Mass & Waler Druten/Herder, Freiburg 1977.

Band X: Als Band X der Gesamtausgabe erschien 1983 von Romaeus Leuven: »Heil im Unheil: Das Leben Edith Steins. Reife und Vollendung«. De Mass & Waler Druten/Herder, Freiburg 1983.

Beiträge zur philosophischen Begründung der Psychologie und der Geisteswissenschaften (Psychische Kausalität; Individuum und Gemeinschaft; eine Untersuchung über den Staat), Tübingen (Niemeyer) 1970 (2. Aufl.).

Husserls Phänomenologie und die Philosophie des hl. Thomas von Aquin, in: Festschrift Edmund Husserl. Zum 70. Geburtstag gewidmet, Tübingen (Niemeyer) 1974. S. 315–338. (2. Aufl.)

Wege der Gotteserkenntnis. Dionysius der Areopagit und seine symbolische Theologie. Tijdschrift voor Philosophy, 8. Februar 1986. Nachdruck, München (Kaffke) 1979.

Wege zur inneren Stille. Gesammelte Schriften. München (Kaffke) 1979 (3. Aufl. 1986).

Zum Problem der Einfühlung, (Nachdruck der Dissertation von 1917 mit einer Hinführung von J. B. Lotz S. J.). München (Kaffke) 1980.

Werke über Edith Stein

Edith Stein. Ein neues Lebensbild in Zeugnissen und Selbstzeugnissen. Herausgegeben und eingeleitet von W. Herbstrith. Herderbücherei Bd. 1035. Freiburg 1983.

Herbstrith, W.: Das wahre Gesicht Edith Steins. Reihe ›Edith-Stein-Karmel Tübingen‹. (Kaffke) München 1983. (5. Aufl.)

Herbstrith, W.: Edith Stein – Zeichen der Versöhnung. (Kaffke) München 1979.

Schmitt, E. V.: Gebet als Lebensprozeß. Teresa von Avila – Edith Stein. (Kaffke) München 1982.

Bejas, A.: Edith Stein – Von der Phänomenologie zur Mystik. Eine Biographie der Gnade. Disputationes Theologicae 17. (Peter Lang) Frankfurt-Bern-New York 1987.

Edith Stein. Am Kreuz vermählt, Textauswahl und Einleitung von Norbert Hartmann. Klassiker der Meditation (Benziger). Zürich – Einsiedeln – Köln 1984.

Reifenrath, B.: Erziehung im Lichte des Ewigen. Die Pädagogik Edith Steins. (Diesterweg) Frankfurt 1985.

Taschenbücher
zum Bedenken und Verschenken

»Texte zum Nachdenken«
Herausgegeben von Gertrude Sartory

Ein Lied, das nur die Liebe lehrt
Texte der frühen Zisterzienser-Mönche
Ausgewählt, übersetzt und eingeleitet
von Bernardin Schellenberger
Band 904, 176 Seiten, 2. Auflage

Charles Péguy
Im Schweigen des Lichtes
Ausgewählt, übersetzt und eingeleitet
von Oswalt von Nostitz
Band 986, 144 Seiten

Mitte, Maß und Muße
Cicero und andere römische Schriftsteller
über den Menschen
Übersetzt, ausgewählt und eingeleitet
von Georg Guntram
Band 1141, 160 Seiten

Ramon Llull
Die Kunst, sich in Gott zu verlieben
Ausgewählt, übertragen und erläutert
von Erika Lorenz
Band 1198, 128 Seiten

Herderbücherei

Große Frauengestalten

Edith Stein
Ein neues Lebensbild in Zeugnissen
und Selbstzeugnissen
Herausgegeben und eingeleitet
von Waltraud Herbstrith
Band 1035, 192 Seiten, 3. Auflage

Teresa von Avila
„Ich bin ein Weib – und obendrein kein gutes"
Ein Portrait der Heiligen in ihren Texten
Ausgewählt, übersetzt und eingeleitet
von Erika Lorenz
Band 920, 144 Seiten, 4. Auflage

Bettina von Arnim
„Meine Seele ist eine leidenschaftliche Tänzerin"
Ausgewählt und eingeleitet von Otto Betz
Band 935, 160 Seiten, 3. Auflage

Maria von Ägypten –
Allmacht der Buße
Von Gertrude und Thomas Sartory
Band 977, 144 Seiten

Elisabeth von Thüringen –
Befreiende Demut
Von Gertrude und Thomas Sartory
Band 980, 144 Seiten

Herderbücherei